北大社·"十三五"普通高等教育本科规划教材
高等院校汽车专业"互联网+"创新规划教材

智能网联汽车技术基础

主　编　姜立标　张明容
副主编　李景彬　程清伟

内 容 简 介

本书系统介绍了智能网联汽车的相关基础技术。全书分为 8 章，包括智能网联汽车概述、车载传感器技术、目标检测与识别技术、智能网联汽车定位技术、智能网联汽车网络技术、决策规划与运动控制、先进驾驶辅助技术应用、车辆道路协同与智能交通，并且在部分章节给出具体案例分析和相关视频链接，利于读者更好地理解。

本书条理清晰、架构合理、前瞻性强、通俗易懂，没有涉及过深的专业性知识，可作为高等院校车辆工程等专业的教材，也可作为汽车行业工程技术人员的参考书。

图书在版编目(CIP)数据

智能网联汽车技术基础 / 姜立标，张明容主编 .—北京：北京大学出版社，2021.12
高等院校汽车专业"互联网+"创新规划教材
ISBN 978-7-301-32679-4

Ⅰ.①智… Ⅱ.①姜… ②张… Ⅲ.①汽车—智能通信网—高等学校—教材 Ⅳ.①U463.67

中国版本图书馆 CIP 数据核字(2021)第 219008 号

书　　　名	智能网联汽车技术基础 ZHINENG WANGLIAN QICHE JISHU JICHU
著作责任者	姜立标　张明容　主编
策 划 编 辑	童君鑫
责 任 编 辑	孙　丹　童君鑫
数 字 编 辑	蒙俞材
标 准 书 号	ISBN 978-7-301-32679-4
出 版 发 行	北京大学出版社
地　　　址	北京市海淀区成府路 205 号　100871
网　　　址	http://www.pup.cn　新浪微博：@北京大学出版社
电 子 信 箱	pup_6@163.com
电　　　话	邮购部 010-62752015　发行部 010-62750672　编辑部 010-62750667
印 刷 者	天津中印联印务有限公司
经 销 者	新华书店
	787 毫米×1092 毫米　16 开本　12 印张　288 千字 2021 年 12 月第 1 版　2021 年 12 月第 1 次印刷
定　　　价	45.00 元

未经许可，不得以任何方式复制或抄袭本书之部分或全部内容。
版权所有，侵权必究
举报电话：010-62752024　电子信箱：fd@pup.pku.edu.cn
图书如有印装质量问题，请与出版部联系，电话：010-62756370

前　言

我国是世界第一汽车生产大国和第一新车销售市场，汽车保有量快速增长。汽车保有量的增大，带来了能源短缺、环境污染、交通拥堵和事故频发等社会问题，这些问题已经成为汽车行业发展的瓶颈，智能网联汽车的出现则提供了良好的解决方法。基于此目的，世界各国纷纷将智能网联汽车提高到国家"汽车强国"战略的高度，并作为国家重点培育和支持发展的战略性新兴产业。

本书对智能网联汽车进行了详尽介绍，从智能网联汽车的概念、分级和组成切入，全面系统地介绍了车载传感器、地图与导航、通信技术、目标检测与识别、决策规划与运动控制、先进辅助驾驶、车路协同与智能交通等。

第 1 章概述了智能网联汽车，包括了智能驾驶、智能汽车相关的概念，以及自动驾驶等级划分，同时介绍了智能网联汽车各个组成部分和常见的应用场景；第 2 章介绍了智能网联汽车的车载传感器，包括感知传感器、定位导航传感器和语音传感器三大类，并且给出了传感器融合的一般思路与方法；第 3 章阐述了智能驾驶中的目标检测与识别，包括道路识别、行人识别、车牌/车辆检测、交通灯/标志牌检测和障碍物检测，从方法到具体案例分析多方位进行阐述；第 4 章讲述了智能网联汽车的定位技术，包括高精度地图，高精度定位系统与 SLAM 技术；第 5 章介绍了智能网联汽车的网络技术，包括车内网和车外网两大部分，车内网以 CAN 总线为主、车外网以 V2X 技术为主；第 6 章分析了智能驾驶中的决策规划与运动控制，包括行为决策、路径规划和运动控制；第 7 章描述了先进辅助驾驶技术，包括预警类辅助驾驶技术和执行类辅助驾驶技术，并且对特斯拉的 Autopilot 系统进行了具体阐述；第 8 章介绍了车辆道路协同和智能交通，包括协同系统、协同控制、队列群控和智能交通。

本书由姜立标和张明容任主编，并组织编写与统稿，由李景彬和程清伟任副主编。姜立标和江铃汽车股份有限公司李艳明参与了第 1 章和第 3 章的编写，程清伟和黄楚然参与了第 2 章和第 4 章的编写，张明容和姜思羽参与了第 5 章和第 6 章的编写，李景彬和翟伟良参与了第 7 章和第 8 章的编写。另外，华南理工大学研究生胡耀天参与了部分图片和文字的修改工作。

在编写本书的过程中，编者参考了国内外大量文献资料及网络资源，在此向作者表示衷心感谢。

智能网联汽车作为新兴的概念与产物，随着时代迅速发展而日新月异。由于编者学识有限，书中难免有疏漏、不妥之处，恳请读者不吝指正。

编　者
2021 年 5 月

资源索引

本书课程思政元素

本书课程思政元素从"格物、致知、诚意、正心、修身、齐家、治国、平天下"中国传统文化角度着眼,结合社会主义核心价值观"富强、民主、文明、和谐、自由、平等、公正、法治、爱国、敬业、诚信、友善"设计出课程思政的主题,紧紧围绕"价值塑造、能力培养、知识传授"三位一体的课程建设目标,在课程内容中寻找相关的落脚点,通过案例、知识点等教学素材的设计运用,以润物细无声的方式将正确的价值追求有效地传递给学生,以培养其理想信念、价值取向、政治信仰、社会责任,全面提高其缘事析理、明辨是非的能力,把学生培养成为德才兼备、全面发展的人才。

每个思政元素的教学活动过程都包括内容导引、展开研讨、总结分析等环节。在课程思政教学过程,教师和学生共同参与其中,在课堂教学中教师可结合下表中的内容导引,针对相关的知识点或案例,引导学生进行思考或展开讨论。

页码	内容导引	思考问题	课程思政元素
4	自动驾驶等级划分	自动驾驶等级是如何划分的?	辩证思想 适应发展 科技发展
5	智能网联汽车的结构组成	1. 智能网联汽车由哪几部分组成? 2. 如果缺少某个部分,还能称为智能网联汽车吗?	辩证思想 团队合作
13	智能网联汽车的未来发展	智能网联汽车未来会朝哪几个方向发展?为什么?	终身学习 适应发展 科技发展 民族精神
16	智能网联汽车传感器	1. 智能网联汽车上的常用传感器有哪些? 2. 选择几个传感器,分别说明它们的作用	社会责任 爱岗敬业 责任与使命
17	感知传感器	1. 汽车雷达有哪几种? 2. 国外芯片技术封锁对我国电子产业有何影响?	核心意识 大国复兴 产业报国 家国情怀
18	超声波雷达的主要性能指标	车载超声波雷达 UPA 和 APA 分别有什么特点?	辩证思想 专业能力
26	多线旋转式激光雷达、固态激光雷达	多线旋转式激光雷达与固态激光雷达各有什么优缺点?	辩证思想 科学精神

本书课程思政元素

续表

页码	内容导引	思考问题	课程思政元素
29	视觉传感器	1. 单目视觉传感器与双目视觉传感器的测距原理有什么不同？ 2. 单目视觉传感器与双目视觉传感器各有什么优缺点？	终身学习 专业能力 专业水准
34	差分全球定位系统	1. 差分全球定位系统的含义是什么？ 2. 北斗卫星导航系统有什么优势？	专业与社会 责任与使命 民族自豪感
41	传感器融合技术	各种传感器的性能特点分别是什么？	辩证思想 团队合作 沟通协作
49	目标检测	1. 智能网联汽车目标检测有哪些对象？为什么？ 2. 常用检测识别方法有哪些？	努力学习 自主学习 专业能力 职业规划
50	道路识别方法	道路识别的方法的理论框架是什么？	科学素养 专业与社会
55	车牌识别技术	1. 车牌有哪些区域特征？ 2. 车牌的识别流程是怎样的？ 3. 车牌识别有哪些方法？	辩证思想 专业能力
64	行人识别方法	行人识别方法有哪些？分别是如何实现的？	科学素养 努力学习 专业能力 创新意识
72	障碍物检测方法	1. 根据传感器的不同，智能网联汽车障碍物检测方法有哪些？ 2. 各种检测方法有什么特点？	专业能力 团队合作 创新意识
81	高精度地图	高精度地图在智能网联汽车中有什么作用？	科学精神 科技发展 专业能力
83	全球导航卫星系统	1. 全球导航卫星系统由哪些卫星系统组成？ 2. 简述全球导航卫星系统的定位原理	科学精神 爱祖国 责任与使命
89	实时定位与地图构建	如何分析实时定位与地图构建？	专业与社会 责任与使命
95	智能网联汽车网络的类型	智能网联汽车网络有哪几种？各有什么特点？	终身学习 适应发展 全面发展

续表

页码	内容导引	思考问题	课程思政元素
98	CAN总线的数据帧结构	ID标识是否会用尽？用尽后怎么办？	辩证思想 适应发展
99	CAN总线的通信原理	1. 如果传输过程中数据段出错该如何处理？ 2. 如果CRC段出错该如何处理？如果是应答段出错呢？	辩证思想 科学精神 适应发展
112	DSRC与LTE-V的对比	1. 国内为什么不推荐使用DSRC标准？ 2. LTE-V有什么优势？	科学精神 核心意识 爱祖国
120	行为决策	1. 什么是行为决策？ 2. 行为决策有哪几种？ 3. 简述基于学习算法的无人车行为决策系统的工作原理	逻辑思维 终身学习 专业能力
124	路径规划	1. 什么是路径规划？ 2. 路径规划根据路径目标范围可以分为哪两种？	职业规划 大局意识
126	A*算法	1. 什么是A*算法？ 2. A*算法的流程是怎样的？	逻辑思维 专业能力 创新意识
132	线控底盘系统	线控底盘系统包括哪些系统？在智能网联汽车中的作用是什么？	工匠精神 家国情怀 专业与社会
142	安全车距	安全车距是否是定值？如果不是，其与哪些参数相关？	科学精神 专业与社会
145—146	行人碰撞预警系统、盲区监测系统	为什么要考虑行人碰撞或者盲区监测？	专业与社会 规范与道德
161	交通拥堵辅助系统	为什么要开发交通拥堵辅助系统？	专业与社会 可持续发展 能源意识 环保意识
161	Autopilot系统	国内是否有与Autopilot系统类似的系统及配套整车制造企业？	大国复兴 产业报国 家国情怀

注：教师版课程思政内容可以联系北京大学出版社索取。

目 录

第 1 章 智能网联汽车概述 …………… 1
1.1 智能网联汽车的概念 ………… 2
1.1.1 智能驾驶 …………… 2
1.1.2 网联汽车 …………… 3
1.1.3 智能网联汽车 ……… 3
1.1.4 自动驾驶等级划分 … 3
1.2 智能网联汽车的结构组成 …… 5
1.3 智能网联汽车的应用场景 …… 7
1.3.1 日常情景下的应用 … 7
1.3.2 特定场景下代替有人驾驶 …………………… 10
1.4 智能网联汽车的未来发展 …… 13
习题 …………………………………… 14

第 2 章 车载传感器技术 ……………… 15
2.1 感知传感器 …………………… 17
2.1.1 超声波雷达 ………… 17
2.1.2 毫米波雷达 ………… 19
2.1.3 激光雷达 …………… 24
2.1.4 视觉传感器 ………… 28
2.2 定位导航传感器 ……………… 34
2.2.1 差分全球定位系统 … 34
2.2.2 惯性导航传感器 …… 36
2.3 语音识别传感器 ……………… 40
2.4 传感器融合技术 ……………… 41
2.4.1 多传感器融合 ……… 42
2.4.2 多传感器信息融合算法 … 45
习题 …………………………………… 47

第 3 章 目标检测与识别技术 ………… 48
3.1 道路检测识别 ………………… 49
3.1.1 道路检测分类 ……… 49
3.1.2 复杂环境下的道路图像特点 ………………… 50
3.1.3 道路识别方法 ……… 50
3.1.4 案例 1——基于边缘提取和 Hough 变换的车道线检测 …………………… 52
3.2 车牌/车辆检测识别 …………… 55
3.2.1 车牌识别技术 ……… 55
3.2.2 运动车辆检测技术 … 57
3.2.3 案例 2——基于边缘检测和灰度变化特征的车牌识别 …………………… 59
3.3 行人识别技术 ………………… 61
3.3.1 行人识别特征 ……… 61
3.3.2 行人识别方法 ……… 64
3.3.3 案例 3——基于特征提取和机器学习的行人识别 …………………… 64
3.4 交通信号灯/交通标志检测识别 …………………………… 66
3.4.1 交通信号灯/交通标志介绍 ………………… 66
3.4.2 交通信号灯/交通标志识别系统 …………… 68
3.4.3 交通信号灯/交通标志的识别方法 ………………… 69
3.4.4 案例 4——基于 YOLOv3 的交通标志识别 ………… 70
3.5 障碍物检测识别 ……………… 72
3.5.1 障碍物检测方法 …… 72
3.5.2 案例 5——基于毫米波雷达和视觉相机融合的障碍物检测 …………………… 74
习题 …………………………………… 79

第 4 章 智能网联汽车定位技术 ……… 80
4.1 高精度地图 …………………… 81
4.1.1 高精度地图的概念 … 81
4.1.2 高精度地图的作用 … 82
4.2 全球导航卫星系统 …………… 83

4.2.1 全球导航卫星系统定位
　　　原理 ……………………… 84
4.2.2 全球导航卫星系统的组成 … 84
4.2.3 北斗卫星导航系统的
　　　组成 ……………………… 86
4.3 实时定位与地图构建 …………… 88
4.3.1 实时定位与地图构建
　　　简介 ……………………… 88
4.3.2 案例——实时定位与地图
　　　构建原理分析 …………… 89
4.4 卫星定位与惯性导航的融合 …… 90
4.4.1 惯性导航系统 …………… 91
4.4.2 全球导航卫星系统和惯性
　　　导航系统的组合应用 …… 92
习题 …………………………………… 93

第5章 智能网联汽车网络技术 …… 94
5.1 智能网联汽车网络的类型和
　　特点 ……………………………… 95
5.1.1 智能网联汽车网络的
　　　类型 ……………………… 95
5.1.2 智能网联汽车网络的
　　　特点 ……………………… 95
5.2 车载网络 ………………………… 96
5.2.1 车载网络分类 …………… 96
5.2.2 CAN 总线 ………………… 97
5.2.3 LIN 总线 ………………… 100
5.2.4 FlexRay 总线 …………… 102
5.2.5 MOST 总线 ……………… 103
5.2.6 以太网 …………………… 104
5.3 车载自组织网络 ………………… 107
5.3.1 车载自组织网络通信
　　　类型 ……………………… 107
5.3.2 车载自组织网络通信
　　　方式 ……………………… 108
5.3.3 车载自组织网络的
　　　特点 ……………………… 113
5.4 车载移动互联网 ………………… 113
5.4.1 车载移动互联网的
　　　组成 ……………………… 114
5.4.2 移动互联网的接入
　　　方式 ……………………… 115

5.4.3 移动互联网通信的
　　　特点 ……………………… 117
习题 …………………………………… 118

第6章 决策规划与运动控制 ……… 119
6.1 行为决策 ………………………… 120
6.1.1 行为决策系统的分类 …… 120
6.1.2 基于有限状态机的行为
　　　决策系统 ………………… 120
6.2 路径规划 ………………………… 124
6.2.1 全局路径规划 …………… 124
6.2.2 局部路径规划 …………… 130
6.3 运动控制 ………………………… 131
6.3.1 线控底盘系统 …………… 132
6.3.2 车辆横向和纵向控制 …… 134
习题 …………………………………… 136

第7章 先进驾驶辅助技术应用 …… 138
7.1 预警类驾驶辅助技术 …………… 140
7.1.1 前车碰撞预警系统 ……… 140
7.1.2 车道偏离预警系统 ……… 143
7.1.3 行人碰撞预警系统 ……… 145
7.1.4 盲区监测系统 …………… 146
7.1.5 变道预警辅助系统 ……… 148
7.1.6 夜视系统 ………………… 148
7.2 执行类驾驶辅助技术 …………… 150
7.2.1 自适应巡航控制系统 …… 150
7.2.2 自动制动辅助系统 ……… 153
7.2.3 车道保持辅助系统 ……… 156
7.2.4 自适应前照灯系统 ……… 157
7.2.5 自动泊车辅助系统 ……… 159
7.2.6 交通拥堵辅助系统 ……… 161
7.3 Autopilot 系统 …………………… 161
习题 …………………………………… 164

第8章 车辆道路协同与智能交通 … 165
8.1 车路协同系统 …………………… 166
8.2 车路协同控制 …………………… 168
8.3 队列群控 ………………………… 170
8.4 智能交通系统 …………………… 175
习题 …………………………………… 182

参考文献 ……………………………… 183

第 1 章
智能网联汽车概述

 教学目标

1. 了解智能网联汽车的相关定义及区分。
2. 掌握自动驾驶等级的划分。
3. 掌握智能网联汽车的结构组成。
4. 熟悉智能网联汽车在日常生活中的应用场景。
5. 了解现阶段无人驾驶的特定应用场景。
6. 了解智能网联汽车的未来发展趋势。

 教学要求

知识要点	能力要求	相关知识
智能网联汽车的概念	了解智能驾驶（包括自动驾驶和无人驾驶）的含义；熟悉智能网联汽车的定义；掌握自动驾驶等级的划分	智能驾驶，网联化，智能网联汽车，自动驾驶等级
智能网联汽车的结构组成	熟悉智能网联汽车的架构；了解感知定位层、规划决策层、控制执行层的组成与作用；了解 ADAS 技术；了解智慧交通	智能网联汽车的结构组成，感知定位层、规划决策层、控制执行层的内容，ADAS 技术，车辆道路协同和智能交通
智能网联汽车的应用场景	熟悉智能网联汽车在日常生活场景下的应用；了解无人驾驶在现阶段特定场景下的应用	日常生活中保障交通安全、提高交通效率、服务生活生产，在停车场自动泊车、外卖送餐、客运物流、封闭园区、交通出行等特定场景应用无人驾驶
智能网联汽车的未来发展	了解智能网联汽车未来发展的几个趋势	重视深度学习，降低硬件成本，结合 5G 移动网络，完善法律法规

智能网联汽车技术基础

自汽车诞生以来，汽车制造业的核心竞争力从 19 世纪的底盘、轮胎、机械、传动、车身，发展到 20 世纪的发动机、电气、被动安全、能源、排放，再发展到 21 世纪的模块化、汽车电子、主动安全、智能驾驶。

智能网联汽车（Intelligent Connected Vehicle，ICV）是新一轮科技革命背景下的新兴技术，集中运用了现代传感技术、信息与通信技术、自动控制技术、计算机技术和人工智能等，代表着未来汽车技术的战略制高点，是汽车产业转型升级的关键，也是世界公认的汽车发展方向。智能网联汽车产业链全景如图 1.1 所示。

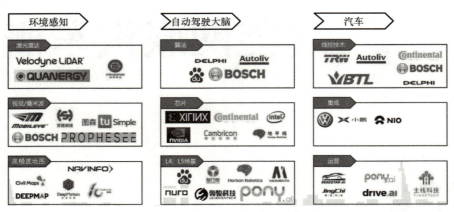

图 1.1 智能网联汽车产业链全景

随着全球汽车保有量的提升，交通安全、环境污染、能源供给等问题日益突显，发展安全、高效、绿色出行方式的需求十分强烈。智能网联汽车将为保障交通安全、改善交通效率、降低能耗与污染、引导出行模式改变提供重要解决方案。研究表明，使用智能网联汽车相关技术可减少 50%～80% 的汽车交通安全事故，提升 10%～30% 的交通通行效率。

1.1 智能网联汽车的概念

智能化、网联化的汽车就是智能网联汽车，其相关概念比较多，有必要加以区分。

1.1.1 智能驾驶

智能网联汽车的概念

智能驾驶是传统汽车智能化后的产物。增加雷达、摄像头等传感器及控制器、执行器等装置，利用车载环境感知系统，使汽车具备感知周围环境的能力，能够自动分析汽车行驶的安全及危险状态，并使汽车按照人的意愿到达目的地。

智能驾驶最突出的特征就是在汽车上安装了许多先进传感器。智能驾驶实际上包括自动驾驶和无人驾驶。自动驾驶是指可以帮助驾驶人转向和保持在车道内行驶，并实现跟车、制动、变道等操作的一种辅助驾驶系统，驾驶人可以随时介入对汽车的控制，并且在特定环境下会提醒驾驶人介入操控。无人驾驶配备了各类传感器和相应控制驱动器，但是取消了转向盘、节气门和制动踏板，汽车在没有人为干预的情况下自主完成行驶任务。无人驾驶一步实现智能驾驶最终目标,而自动驾驶需要逐步分级实现。

1.1.2 网联汽车

网联汽车是传统汽车网联化后的产物,具有与外界实时交流的能力。网联化可以提升汽车整体智能驾驶水平,为用户提供安全、舒适、智能、高效的驾驶感受与交通服务,同时可提高交通运行效率,提升社会交通服务的智能化水平。

车联网的概念源于物联网,是指以行驶中的汽车为信息感知对象,汽车上的车载设备通过无线通信技术,有效利用信息网络平台中的所有汽车动态信息,在汽车行驶过程中提供不同的功能服务。

车联网通过新一代信息通信技术,实现车与云平台、车与车、车与路、车与人、车内等全方位网络连接,实现了"三网(车内网、车际网和车载移动互联网)融合"。其中,车内网是指通过应用成熟的总线技术建立一个标准化的整车网络;车际网是指基于特定无线局域网络的动态网络;车载移动互联网是指车载单元通过 4G/5G 等通信技术与互联网无线连接。

1.1.3 智能网联汽车

智能网联汽车融合了智能化和网联化的特点,集中运用了车辆工程、人工智能、计算机、微电子、自动控制、通信与平台等技术,是集环境感知、规划决策、控制执行、信息交互等于一体的高新技术综合体,拥有相互依存的价值链、技术链和产业链体系。

中国汽车工业协会对智能网联汽车的定义如下:搭载先进的车载传感器、控制器、执行器等装置,并融合现代通信与网络技术,实现车与 X(人、车、路、后台等)智能信息交换共享,具备复杂环境感知、智能决策、协同控制与执行等功能,可实现"安全、舒适、节能、高效"行驶,并最终可实现替代人来操作的新一代汽车。

智能网联汽车与智能汽车和车联网有着密切的关系,如图 1.2 所示。

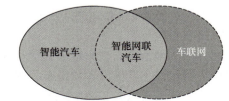

图 1.2　智能网联汽车与智能汽车和车联网的关系

1.1.4 自动驾驶等级划分

智能网联汽车按照自动驾驶能实现的功能,可以划分为不同等级。虽然不同国家的划分方式不尽相同,但大体上保持一致,其中最常用的是国际自动机工程师学会制定的划分等级标准。

美国高速公路安全管理局(National Highway Traffic Safety Administration,NHTSA)根据技术提供的智能驾驶程度、对驾驶人的解放程度、应用环境等要素,将自动驾驶划分为 L0~L4 共 5 个等级。国际自动机工程师学会又将 L4 级细分为 L4 高度自动驾驶和 L5 完全自动驾驶,见表 1-1。

表 1－1 NHTSA 与 SAE 制定的自动驾驶等级

自动驾驶分级 NHTSA	自动驾驶分级 SAE	名称	定义	驾驶操作	周边监控	接管	应用场景
L0	L0	无驾驶自动化	由驾驶人全权驾驶汽车	驾驶人	驾驶人	驾驶人	无
L1	L1	驾驶辅助	由系统完成转向盘和加/减速中的一项操作，驾驶人负责其余驾驶动作	驾驶人和系统	驾驶人	驾驶人	限定场景
L2	L2	部分驾驶自动化	由系统完成对转向盘和加/减速中的多项操作，驾驶人负责其余驾驶动作	系统	驾驶人	驾驶人	限定场景
L3	L3	有条件驾驶自动化	由系统完成绝大部分驾驶操作，驾驶人需要集中注意力	系统	系统	驾驶人	限定场景
L4	L4	高度驾驶自动化	由系统完成所有驾驶操作，驾驶人无须保持注意力，但限定道路和环境条件	系统	系统	系统	限定场景
L4	L5	完全驾驶自动化	由系统完成所有驾驶操作，驾驶人无须保持注意力	系统	系统	系统	所有场景

（1）**L1 与 L2 级的最大区别在于依靠的是单项驾驶辅助系统还是多项驾驶辅助系统**。在 L1 级下单项驾驶辅助系统通过获取汽车行车环境信息，对汽车横向或纵向驾驶动作进行操控；在 L2 级下多项驾驶辅助系统通过获取汽车行车环境信息，同时对汽车横向和纵向驾驶动作进行操控。

（2）**L2 与 L3 级的最大区别在于驾驶操纵主体是驾驶人还是系统**。在 L2 级下，尽管驾驶人可以不再作为主要操纵者，跟车、变道、制动、起步等操作都可以由汽车完成，但驾驶操纵主体仍然是驾驶人；在 L3 级下，驾驶人变为辅助驾驶者，绝大多数情况下都不用驾驶人插手，只有发生紧急情况才需要驾驶人接管。

（3）**L3 与 L4 级的最大区别在于行为责任主体是驾驶人还是系统**。在 L3 级下，尽管绝大多数操作都可以由系统完成，但在紧急情况下还是需要驾驶人接管；在 L4 级下，驾驶人彻底变成了乘客，甚至汽车上可以取消转向盘、制动踏板、节气门等装置。

（4）**L4 与 L5 级的最大区别在于 L4 级是在限定条件下自动驾驶**，L4 级常应用于城市出租车和港口、机场的公共汽车；在 L5 级下可以在任何条件下自动驾驶。

如今先进驾驶辅助系统（Advanced Driver Assistance System，ADAS）作为智能驾驶的落地功能，与上述自动驾驶等级划分有着紧密关系。智能网联汽车各自动化等级在 ADAS 中的应用见表 1－2。

表1-2 智能网联汽车各自动化等级在 ADAS 中的应用

分级	1级	2级	3级	4级	5级
名称	部分辅助驾驶	组合辅助驾驶	有条件自动驾驶	高度自动驾驶	完全自动驾驶
主要功能	前车碰撞预警	拥堵辅助驾驶	高速公路自动驾驶	市区自动驾驶	无人驾驶
	车辆偏离预警	车道内自动驾驶	城郊公路自动驾驶	车路协同控制	
	盲区监测预警	换道辅助	协同式队列行驶	远程泊车	
	驾驶人疲劳预警	全自动泊车	交叉路口同行辅助		
	车道保持辅助				
特征	单一功能	组合功能	特定环境部分任务	特定环境全部任务	全部环境全部任务
感知系统配置	超声波传感器	超声波传感器	超声波传感器	超声波传感器	超声波传感器
	毫米波雷达	毫米波雷达	毫米波雷达	毫米波雷达	毫米波雷达
	视觉传感器	视觉传感器	视觉传感器	视觉传感器	视觉传感器
		少线激光雷达	多线激光雷达	多线激光雷达	多线激光雷达
			V2X	V2X	V2X
				5G	5G
				高精度地图	

另外，GB/T 40429—2021《汽车驾驶自动化分级》已于 2022 年 3 月 1 日开始实施，标志着我国自动驾驶分级标准明确建立，各企业能更有针对性地研发、部署技术，也为后续自动驾驶相关政策、法规、条例的制定及出台提供支撑。

1.2 智能网联汽车的结构组成

智能网联汽车以汽车为主体，利用环境感知技术实现多汽车有序安全行驶，通过无线通信网络等手段为用户提供多样化信息服务。智能网联汽车主要由感知定位层、规划决策层和控制执行层等组成，如图 1.3 所示。

智能网联汽车组成

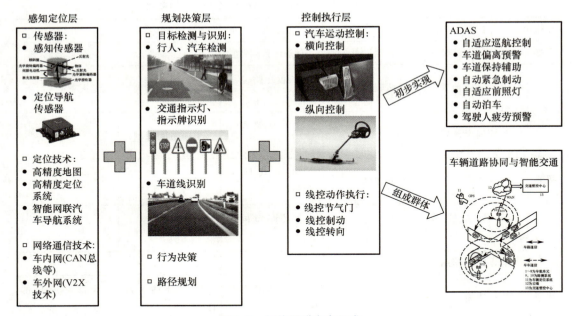

图 1.3 智能网联汽车组成

1. 感知定位层

感知定位层包括传感器、定位技术及网络通信技术。

（1）传感器是实现感知与定位的基础，是汽车的"眼睛"。常用汽车传感器有感知传感器和定位导航传感器。感知传感器包括超声波雷达、毫米波雷达、激光雷达和车载摄像头，它们有着各自的特点和擅长的感知范围，通常融合多种传感器来获取鲁棒性和精确性更好的结果。定位导航传感器包括 GPS 定位传感器和 IMU 惯性导航传感器，前者数据准确但更新频率低，后者数据误差随时间递增但更新频率高，因此通常将两者结合起来进行组合定位。

（2）定位技术是利用定位导航传感器的硬件实现的。它包含高精度地图、高精度定位系统和智能网联汽车导航系统，为感知传感器实现的目标检测结果做补充，使得智能网联汽车在行驶时能安全顺利地定位自车位置及规划路线。

（3）网络通信技术主要包括车内网和车外网。车内网以 CAN 总线为主，是车内通信的基础机制。V2X 包含 V2I（车—基础设施通信）、V2V（车—车通信）、V2P（人—车通信）、V2D（车—设备通信）和 V2G（车—电网通信）。V2X 是一种基于短距离通信技术的汽车与外界信息传递的方法，融合了现代通信与网络技术，可以对传感器的感知和定位起补充作用。

2. 规划决策层

规划决策层包括目标检测与识别、行为决策、路径规划。

（1）目标检测与识别是利用软件算法，检测与识别传感器探测的各种物体（如汽车、行人、交通指示灯、指示牌、车道线和障碍物等），从而进一步规划行驶路线和制定决策。

（2）行为决策是通过汽车传感器感知的交通环境信息，考虑环境、动/静态障碍物以及汽车汇入与让行规则，与无人驾驶行为知识库中的各种决策知识和经验进行匹配，进而选择适合当前道路交通环境的驾驶行为。

（3）路径规划是在给定的起点和目的地下，按照性能指标要求，规划出一条无碰撞、能安全抵达目标点的有效路径，包括全局路径规划和局部路径规划两种。

3. 控制执行层

控制执行层包括汽车运动控制和线控动作执行。

（1）汽车运动控制分为横向控制和纵向控制。横向控制用于控制汽车的航向，使汽车按照规划的路线行驶，通过改变转向盘转矩或角度实现。纵向控制包括加速度、速度和距离的控制，通过调节节气门和制动踏板实现。

（2）线控动作执行通过线控系统实现。在线控转向、线控制动和线控节气门组成的线控底盘下，在感知、规划的基础上，在机械结构上控制汽车的结果。

4. ADAS

在上述智能网联汽车的组成基础上，智能驾驶还引入了 ADAS。

ADAS 是利用环境感知技术采集汽车、驾驶人和周围环境的动态数据并进行分析处理，提醒驾驶人或执行器介入汽车操纵以实现驾驶安全性和舒适性的一系列技术的总称。它作为自动驾驶的先行者及智能驾驶的初步实现，综合运用组成智能网联汽车的感知层、决策层和控制层，并落实到具体的项目上实现。

5. 车辆道路协同与智能交通

除了研究智能网联汽车的组成部分外，所有汽车单体与外界组成的交通系统同样值得分析，包括车辆道路协同与智能交通。

（1）车辆道路协同是针对智能网联汽车与道路交通的研究，是智能交通系统（Intelligent Transport System，ITS）的最新发展方向，采用先进的无线通信和新一代互联网等技术，全方位实施车—车、车—路动态实时信息交互，并在全时空动态交通信息采集与融合的基础上开展汽车主动安全控制和道路协同管理。

（2）智能交通系统有效地集成先进的物联网、大数据、云计算、人工智能、传感器、数据通信、运筹学、电子控制与传感技术、自动控制技术、信息技术及计算机处理技术等并用于交通运输、服务控制和汽车等整个地面交通管理系统，是未来交通发展的趋势。

1.3 智能网联汽车的应用场景

1.3.1 日常情景下的应用

1. 保障交通安全

毫无疑问，安全是交通的根本，发展智能网联汽车是政策使然，也是市场需求使然。在保障交通安全方面，智能网联汽车能够发挥诸多用途，如紧急呼叫、碰撞预警、人行道状态提醒等。智能网联汽车在交通安全方面的应用见表 1-3。

表 1-3 智能网联汽车在交通安全方面的应用

应用方向	场景	技术
交通安全	紧急呼叫功能	eCall 标准
	会车远近光灯自动切换功能	光照感应
	交叉路口碰撞预警	V2V
	人行道状态提醒	V2I、智能道钉
	慢速汽车预警（环卫车、大货车等）	C-V2V
	静止汽车预警（交通意外、汽车故障紧急停止）	C-V2V
	盲区警告	毫米波雷达
	行人、自行车、摩托车靠近预警	V2P/V2V

（1）紧急呼叫功能。在山区公路及人烟稀少的地方，一旦发生交通事故，汽车驾驶人很可能因昏迷而无法求救，如果汽车的紧急呼叫系统能自动将求救信息发送到汽车救援呼叫中心，则无疑可发挥巨大作用。在该背景下，紧急呼叫系统率先在欧洲兴起，从2018年3月31日起，欧洲所有新车必须强制配备该系统。

（2）会车远近光灯自动切换功能。在夜间行驶状态下，通过V2V技术，会车的相向汽车可以保持通信，并在一定距离内配合光照感应，相互自动关闭远光灯，以提高会车安全性。

（3）交叉路口碰撞预警。相关统计显示，我国30%～40%的交通事故发生在城市交叉路口，因为交叉路口的路况极其复杂，同时容易出现违规行为。在类似场景下，汽车可以通过V2V技术预判对方的车速和行驶方向，并及时发出碰撞预警。

（4）人行道状态提醒。智能网联汽车借助安装在人行道上的智能道钉，采集马路上行人的状态，并将信息传递给路侧单元（Road Side Unit，RSU），RSU再将信息传递给车载C-V2X模块，提高交通安全性。同时，针对行人不经过斑马线横穿马路的情况，系统可以通过C-V2P实现自动感应，提前提醒驾驶人制动。

（5）慢速汽车预警。当前，很多慢速行驶的汽车是城市公共服务汽车，智能网联汽车通过C-V2V技术，能够提醒慢速行驶汽车后方的汽车，避免后车因对前车车速判断错误而追尾。

（6）静止汽车预警。高速公路环境下，汽车行驶速度快，制动距离要预留100～150m，此时如果前方汽车突然抛锚或者因碰撞而停在公路中间，则可能发生二次事故。针对该情况，智能网联汽车能够将事故汽车的信息同步告知RSU，再通过C-V2V技术告知周边1km范围内的其他汽车，降低二次事故发生的概率。

2. 提高交通效率

城市道路的扩容往往赶不上汽车保有量的增长，因此我国必须依靠优化道路设置、提升汽车协同等提高交通效率，改善城市的拥堵状况。智能网联汽车在提高交通效率方面的应用见表1-4。

表 1-4 智能网联汽车在提高交通效率方面的应用

应用方向	场景	技术
交通效率	不停车收费功能	C-V2I
	绿波行驶提醒功能	C-V2I
	限高/限宽/限重提醒功能	C-V2I
	停车场自动泊车	超声波雷达
	减速区/限速提醒	RSU、C-V2I
	剩余油量、电量与服务区距离提醒	C-V2C
	增强导航	图像识别/C-V2C
	专用车道动态使用（普通车动态借用专用车道）	C-V2I
	货车、大车车道错误提醒	C-V2I
	车速引导	C-V2I

(1) 不停车收费功能。因为历史原因，DSRC 标准制定较早，目前大部分收费站的 ETC 都采用 DSRC 标准。与 C-V2X 相比，基于 DSRC 标准的 ETC 存在安全风险，出现过盗刷等情况。因此 C-V2X 有望替代基于 DSRC 标准的 ETC 功能。

(2) 绿波行驶提醒功能。在智能网联汽车的应用场景下，配合 RSU 能够实现汽车不等红绿灯的绿波行驶，不仅可以大幅节省驾驶人的时间，而且可以达到节省汽车能耗的目的。

(3) 限高/限宽/限重提醒功能。在过路、过桥及通过铁路道口或隧道时，智能网联汽车能够将路况的相关参数和当前汽车的参数进行比对，提醒驾驶人，降低事故发生概率。

(4) 专用车道动态使用。在很多城市，公交车道占用了城市主干道四分之一的通行能力，合理利用公交车道成为城市管理的重要课题。在智能网联汽车技术的支撑下，RSU 借助 V2I，能够准确告知驾驶人当前公交车道是否可用。

3. 服务生产生活

智能网联汽车 C-V2X 技术，通过 V2V 提供更多生活服务功能，如服务预订、社交、电子商务等。这些功能与传统移动互联网有较大差别，可以与汽车本身的感知技术及参数结合，催生更多新的应用。智能网联汽车在生产、生活服务的应用见表 1-5。

表 1-5 智能网联汽车在生产生活方面的应用

应用方向	场景	技术
生产服务	自动驾驶编队功能	C-V2V
	影像自动云存储功能	C-V2C
生活服务	自驾游车队通信与编队功能	C-V2V
	汽车行驶中的随机社交功能	C-V2V
	保险、保养到期提醒功能	C-V2C
	后备箱收发快递功能	C-V2P

（1）自动驾驶编队功能。通过 C‑V2V，自动驾驶编队可以借助定速巡航实现自动驾驶，与此同时，自驾游车队、城市婚礼车队等都可以通过 C‑V2V 实现编队功能。有观点认为，这有望成为未来编队型无人驾驶的雏形。

（2）影像自动云存储功能。智能网联汽车可以将停车期间汽车的异动情况自动拍照后发送到驾驶人的手机上，对恶意损坏或偷盗进行报警。通过"抓拍视频"和"拍照"功能，驾驶人还可以从车联网设备上获得交警发布的实时交通信息。此外，当交通拥堵时，驾驶人还能看到前方路口的红绿灯状态和实时影像。

（3）生活服务。与传统汽车相比，智能网联汽车能够提供保险、保养到期以及剩余油量（电量）、与服务区距离等提醒功能，同时可以实现后备箱收发快递功能，甚至最终演进到无人驾驶的阶段。

1.3.2 特定场景下代替有人驾驶

尽管全自动无人驾驶还未普遍出现，但已经小规模地在一些特定场景下展开应用。

（1）自动泊车（图1.4）。泊车对很多人尤其是新驾驶人来说是一件比较头疼的事情。智能网联汽车使得自动泊车成为可能，在停车场汽车可以很轻松地自动泊车。很多汽车企业制造的汽车都已经搭载半自动泊车系统，虽然是初级的，但也能一定程度地解放驾驶人，自动找到最近的停车位并停入。自动泊车的最终目标是全自动泊车，驾驶人到达目的地后即锁车离开，汽车会在停车场寻找停车位并准确地停入，这不仅需要汽车智能化的传感器和算法，而且需要结合网联化的 V2X 实现。

图 1.4　自动泊车

（2）外卖送餐（图1.5）。外卖送餐也是无人驾驶的一种应用场景，可以把外卖员从繁忙的奔波中解放出来，同时降低商家的成本。目前国内美团正在积极推进，国外已经在部分地区得以实现：2018年8月底，AutoX 公司在美国加利福尼亚州发布了自动驾驶生鲜递送服务，为当地居民提供全速无人车配送服务及车上搭载的无人货架售货服务，送货速度最高可达 120km/h。2019年年初，通用汽车公司与美国外卖平台 DoorDash 合作，计划在旧金山启动餐馆和杂货的餐食外卖配送业务。

（3）货运物流。自动驾驶货运场景与城市交通场景相比更易实现，因为相对封闭，多

图 1.5 外卖送餐

为端到端的高速路段或集中在港口码头等固定场景,由路况复杂、陌生造成难以感知行车环境的概率较小。

① 干线物流。人工费用及运输费用是物流运输公司最主要的成本。如国内德邦快递 2017 年年报显示人工费用和运输费用分别占公司营业成本的 45.12% 和 37.51%,L4 级自动驾驶可以有效降低公路物流公司对卡车驾驶人的需求,尤其是在干线运输环节。此外,预计自动驾驶可以在固定线路上实现最有效率的驾驶,并极大地降低发生交通事故的概率,燃油费用和保险费用也会相应下调,最终使整体利润率提高近 3 倍。

② 港口物流。自动驾驶汽车是由成熟的卡车底盘改造的,单车改造成本为 20 万~50 万元;并且采取传感器+高精度地图自主导航,无须提前在港口埋设磁钉等导航设备,既可应用于新港,又可应用于老港。图 1.6 所示是港口的无人驾驶物流车。

图 1.6 港口的无人驾驶物流车

（4）封闭园区。在机场和景区等较封闭的场所，智能网联汽车的应用可以实现无人驾驶，提高客运流通速度，方便乘客抵达目的地。国内百度与厦门金龙联合汽车工业有限公司合作生产的阿波龙（Apolong）无人驾驶小型公共汽车（图1.7）在2018年就已经实现量产，在景区、园区、机场等半封闭和封闭区域，运行速度限制为20～40km/h，作为接驳车投入使用。

图1.7　阿波龙无人驾驶小型公共汽车

（5）交通出行。交通出行场景下的智能网联汽车包括无人驾驶出租车和无人驾驶公共汽车，在国内外已经投入使用，下面介绍国内情况。

① 无人驾驶出租车：Robotaxi是百度自动驾驶出租车队。2019年6月，首批45辆百度Apollo与中国一汽红旗联合研发的"红旗EV"Robotaxi车队，开始在长沙开放测试路段试运营。在保证政策规范的情况下，长沙交警推进了自动驾驶汽车的长沙市测试牌照的申请，并为自动驾驶开放了135km的测试道路，有力地支持了Robotaxi车队的规模化测试运行。每辆Robotaxi上都配备一名安全员以确保安全最大化。2020年4月20日，百度宣布全面开放Robotaxi无人驾驶出租车服务，所有长沙市民均可体验。图1.8所示为百度在长沙投放的Apollo无人驾驶出租车。

图1.8　百度在长沙投放的Apollo无人驾驶出租车

② 无人驾驶公共汽车：2019年8月广州的353路公共汽车作为无人驾驶公共汽车亮相，限于法规，它仅在广州的无人驾驶汽车公开测试场地——生物岛运行，虽然运营范围小，但实打实地把无人驾驶带入了普通百姓的生活。

智能网联汽车在公共交通上的应用极大地惠及普通百姓，让人们都能感受到人工智能、无人驾驶带来的技术革新和便利。同时，交通出行作为汽车行业最重要的一环，无人驾驶在交通出行方面的应用带来了更高的环保性和安全性，让人们的生活更加美好。

1.4 智能网联汽车的未来发展

在以往历次工业革命中，汽车产业及产品都是技术进步的重要应用载体。在新一轮科技变革和产业革命的历史交汇点，智能网联汽车将成为人工智能、移动互联网、物联网、云计算、信息通信、大数据等技术的应用平台。汽车正逐步从"配备电子功能的机械产品"向"配备机械功能的电子产品"转变，成为大型移动智能互联终端。

智能网联汽车的发展趋势

想要早日真正迈入无人驾驶的时代，重视深度学习、结合5G网络、完善法律法规和降低成本是大势所趋。

（1）重视深度学习。当前智能网联汽车正加速人工智能技术的应用，人工智能技术是深度学习方法的典型代表。深度学习方法在环境感知方面的效果尤为显著，因此发展速度大大加快。在这种情况下，深度学习方法会很快代替一些传统的学习方法。深度学习方法的学习样本数据库主要是大量数据。然而，深度学习方法也存在一些缺陷，如内部机制不明确、边界条件不确定等。在应用和开发过程中，只有得到更充分的集成方法，才能提供更高的可靠性。

（2）结合5G网络。2019年为5G商业化应用元年，5G技术对智能网联汽车技术的发展革新有颠覆性的推动作用，从通信行业标准法规建设到产品应用标准规则制定，从通信技术到高精度定位技术的发展成熟，从试验场建设到软件应用生态圈集成（车外生态），从互联域5G-VBOX基础平台建立到智能网联域场景开发（车内生态），5G-VBOX是整套技术解决方案的中枢核心及"人—车—路"协同的基础。5G应用环境部署可以分为5G基站的运营商环境部署及基于道路交通设施的V2X智能汽车路侧环境部署。2019年实现部分区域5G商业化应用，2020年首批试点城市规模化商业化应用，2021年实现全覆盖。5G商业环境的成熟将大力助推V2X智能汽车路侧环境从区域示范走向正式商业化应用。图1.9所示为5G在智能网联汽车上的应用。

图1.9 5G在智能网联汽车上的应用

(3) 完善法律法规。美国各州州政府已对自动驾驶汽车立法，德国、英国、法国、澳大利亚等国家也纷纷修改和颁布相关法律法规。根据相关统计，我国全面部署自动驾驶汽车的法律障碍较大，至少要修改 7 个领域超过 24 部法律。目前仅在北京、上海、深圳、广州、长沙等地出台了道路性测试的规范性文件，要求驾驶位必须有人能在紧急情况下接管自动驾驶汽车。然而这些规范性文件还远远不够。

(4) 降低成本。目前限制智能网联汽车朝着 L4 级发展的最大障碍是成本问题。智能网联汽车搭载了许多传感器，比如超声波雷达、摄像头、毫米波雷达和激光雷达，现在市面上量产的汽车基本都搭载了前三种传感器，但未来想要实现无人驾驶，激光雷达是不可或缺的。纯视觉与 GPS/IMU 的定位及避障方案虽然价格低，但还不成熟，很难应用于室外场景，而激光雷达的价格居高不下。因此，当务之急是快速降低系统成本特别是激光雷达的成本。近年来，以硅谷初创公司 Ibeo 为代表研发的固态激光雷达价格下降很多。未来需要沿着固态激光雷达的思路继续深入研究，争取早日大规模量产价格低的激光雷达，以在中低价位的汽车上普及激光雷达，实现更高层级的自动驾驶。

1. 什么是智能网联汽车？它与智能汽车和网联汽车有何区别？
2. 自动驾驶与无人驾驶有什么区别和联系？
3. 自动驾驶划分成哪几个等级？各等级之间的主要区别是什么？
4. 智能网联汽车的结构组成是怎样的？
5. 智能网联汽车有哪些日常应用场景？

第 2 章

车载传感器技术

- 教学目标 -

1. 熟悉超声波雷达、毫米波雷达、激光雷达的组成、工作原理、优缺点。
2. 熟悉单、双目视觉传感器的工作原理、优缺点。
3. 熟悉定位导航传感器的工作原理及应用。
4. 掌握语音识别传感器的结构及工作原理。
5. 掌握多传感器融合技术。

- 教学要求 -

知识要点	能力要求	相关知识
感知传感器	熟悉超声波雷达、毫米波雷达、激光雷达的组成、工作原理、优缺点；熟悉单、双目视觉传感器的结构、工作原理、优缺点	感知传感器的分类、特性、传感器融合技术、在智能网联汽车上的应用；视觉传感器的分类、特性、在智能网联汽车上的应用
定位导航传感器	掌握差分 GPS 的工作原理；了解定位导航系统的结构及应用	数据通信、定位导航的应用
语音识别传感器	掌握语音识别传感器的类型，了解其结构及工作原理	声学类型、模型处理、人工智能在智能网联汽车上的应用
传感器融合技术	熟悉各种传感器的优缺点和融合类型；了解传感融合的算法	各种传感器的优缺点，传感器融合的类型，系统分割和算法

要实现自动驾驶，必须使汽车具有环境感知功能。环境感知功能是决策规划和车辆控制的基础，是实现辅助驾驶和自主驾驶的前提条件。环境感知功能在自动驾驶技术中起着非常重要的作用。如果没有环境感知功能，则智能网联汽车就像驾驶人没有视觉和听觉一样。

本章主要介绍感知传感器和车载视觉传感器的种类和原理。智能网联汽车传感器位置示意如图2.1所示，性能对比见表2-1。

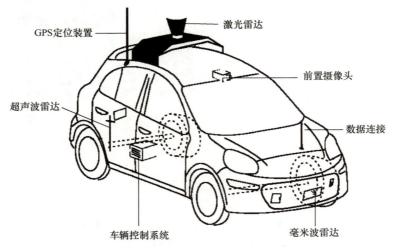

图 2.1　智能网联汽车传感器位置示意

表 2-1　智能网联汽车传感器性能对比

传感器	优　点	缺　点	范　围	功　能
激光雷达	精度高，探测范围较广，可以构建汽车周边环境3D模型	容易受雨、雪、雾等恶劣天气影响，技术不够成熟，产品造价高	200m以内	障碍物探测识别、车道线识别、辅助定位、地图构建
摄像头	可识别物体几何特征、色彩及文字等，可通过算法探测障碍物距离，技术成熟，成本低	受光照变化影响大，容易受恶劣环境干扰	可以超过500m	障碍物探测识别、车道线识别、辅助定位、道路信息读取、地图构建
毫米波雷达	对烟雾穿透能力强，抗干扰能力强，对速度、距离测量精度高	测量范围比雷达窄，难以辨别物体尺寸和形状	200m以内	障碍物探测（中远距离）
超声波雷达	技术成熟，成本低，受天气干扰小，抗干扰能力强	测量精度差，测量范围小，距离近	3m以内	障碍物探测（近距离）
GNSS IMU	通过结合卫星三角定位和惯性导航对汽车进行定位	容易受建筑、隧道等障碍物的干扰，使测量精度大打折扣	广域、高精度定位保持在10m以内	汽车导航、定位

2.1 感知传感器

汽车雷达可分为超声波雷达、毫米波雷达、激光雷达等。不同雷达波的特征如图 2.2 所示。

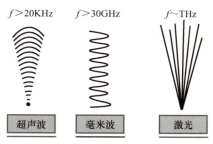

图 2.2 不同雷达波的特征

雷达的原理不同,优缺点也不同。在智能网联汽车领域,需要根据各雷达的特点进行选型和配置,以满足不同阶段、不同场景的市场化需求,实现智能网联汽车的功能。

2.1.1 超声波雷达

1. 超声波雷达的结构与工作原理

超声波雷达利用压电超声波发生器产生超声波,然后接收探头接收障碍物反射的超声波,并根据超声波反射接收的时差计算出与障碍物的距离。常用探头的工作频率有 40kHz、48kHz 和 58kHz 三种,应用比较广泛的是 40kHz。一般来说,频率越高,灵敏度越高,但水平方向与垂直方向的探测角度就越小。

超声波雷达的核心部件是压电超声波发生器,它利用压电晶体共振工作。在实际应用中,超声波雷达(或超声波探头)内部有两个压电晶片和一个共振板,当对压电晶片两极施加电压脉冲,并且脉冲信号的频率与压电晶片的振荡频率相等时,压电晶片将产生共振并驱动谐振器板振动,压电超声波发生器产生超声波;如果两个电极之间没有施加电压,则当共振板接收到超声波时,压电晶片振动,机械能转换为电信号,压电超声波发生器就成为超声波接收器。超声波雷达的结构如图 2.3 所示。

超声波雷达利用压电效应将电能和超声波相互转换,也就是说,当发射超声波时,电能转换为超声波,而一旦接收超声波,超声波振动就转换为电信号。压电超声波发生器向某个方向发射超声波,在发射的同时,其内部计时器开始计时,超声波在空气中传播时,会被障碍物表面反射回来,系统在接收到反射后的超声波后立即停止计时,得到超声波发射和接收的时间差。超声波属于声波,其传播速度与声音的传播速度相等(传播速度取决于传播介质和温度),通常以声音在 15℃ 的空气中的传播速度(340m/s)作为超声波距离计算中的传播速度。发射点与障碍物表面的距离可以根据计时器记录的时间计算:

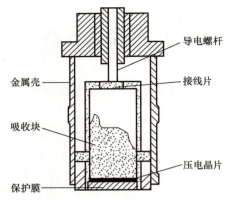

图 2.3 超声波雷达的结构

$$s=(t\times 340)/2 \tag{2-1}$$

式中：s 为发射点与障碍物表面的距离；t 为计时器记录的时间。

2. 超声波雷达的主要性能指标

（1）工作频率。工作频率是指压电晶片的共振频率，当两端交流电压频率等于压电晶片的谐振频率时，超声波雷达的传输能量输出最大，灵敏度也最高。

（2）工作温度。超声波雷达的工作温度取决于应用条件，诊断型超声波雷达功率小，工作温度较低，能长期工作而不发生故障。有些应用会产生大量热量，需要主动冷却超声波雷达。

（3）灵敏度。超声波雷达在工作过程中需要反复将机械能转换为电能，或将电能转换为机械能，其中能量转换的程度用机电耦合系数表示，机电耦合系数越大，灵敏度越高（灵敏度与压电晶片的制造有关）。

在实际应用中，还需考虑多普勒效应、噪声干扰、线性驱动干扰、机械特性等。一般来说，在超声波雷达的有效探测范围内，误差小于或等于 5cm。

超声波雷达是汽车最常用的一种传感器，探测范围如图 2.4 所示。由于探测范围有限，因此可以排列多个超声波雷达，检测汽车近距离的障碍物情况，消除驾驶人泊车、倒车和起动汽车时周围视觉盲区，帮助驾驶人消除盲点和视线模糊缺陷，从而提高行车安全性。超声波雷达可以有效检测汽车周围近距离障碍物。目前各级自动驾驶汽车中，超声波雷达都是不可或缺的传感器，广泛应用于倒车检测、自动泊车、盲区检测等。

车载超声波雷达主要分为 UPA 和 APA 两大类。 UPA 是一种短程超声波雷达，检测范围为 25cm～2.5m，由于检测距离较近，多普勒效应和温度干扰小，因此检测更准确，主要用于检测汽车前后障碍物。APA 是一种远程超声波雷达，检测范围为 35cm～5m，可覆盖一个停车位，其方向性强，探头波的传播性能优于 UPA、不易受其他 APA 和 UPA 的干扰，主要用于检测汽车侧方障碍物。

图 2.5 所示为两种超声波雷达在汽车中的典型布置情况，该车前后共配备 8 个 UPA，左、右两侧共配备 4 个 APA。

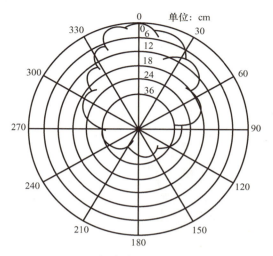
图 2.4 超声波雷达的探测范围

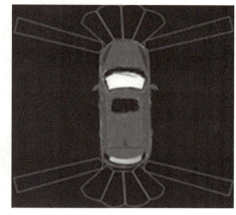
图 2.5 两种超声波雷达在汽车中的典型布置情况

在超声波雷达阵列中,可以通过 ID 区分超声波雷达,由于通信数据量较小且通信周期较长,因此超声波雷达的检测信号在车载网络中通常由 LIN 总线传输。还有带模拟量输出的超声波雷达 UMT 30 - 6000 - A,参数见表 2-2。

表 2-2 超声波雷达 UMT 30 - 6000 - A 参数

极限工作范围	8000mm
检测范围	600~6000mm
超声波频率	≤80kHz
分辨率	0.18~2.4mm
重复精度	±0.15%
工作电压	9~30V DC
空载电流	≤80mA
响应时间	172ms
输出电压	R_L≥100Ω,U≥15V
连接,GY	同步/公共端

2.1.2 毫米波雷达

毫米波雷达是通过发射和接收毫米波段的电磁波测量车与车之间的距离、角度和相对速度的装置。毫米波雷达检测具有全天候工作的能力,在智能网联汽车领域主要用于目标识别和跟踪。毫米波位于微波和远红外波重叠的波长范围内,根据波传播理论,频率越高,波长越短,分辨率越高,穿透能力越强,但传播过程中损耗越大,传输距离越短。因此,与微波相比,毫米波具有分辨率高、方向性强、抗干扰能力强、检测性能好等特点;与远红外波相比,毫米波具有对大气、烟雾的穿透性好,受天气影响小等特点。

毫米波雷达

汽车领域获准使用的毫米波雷达主要有 24GHz 和 77～79GHz 两个波段。毫米波的频带频率高于射频辐射的，低于可见光和红外线的。24GHz 毫米波雷达主要用于 50～70m 的中、短程检测，实现盲点监测、变道辅助、自动泊车辅助等功能；77GHz 毫米波雷达主要用于 100～250m 的中、远程检测，实现自适应巡航、前碰撞预警、自动紧急制动等功能。

毫米波雷达的结构如图 2.6 所示，主要包括天线、收发芯片、信号处理芯片（未标）等。

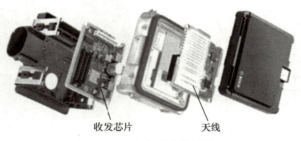

图 2.6　毫米雷达的结构

天线是毫米波雷达有效运行的关键设计之一，天线以高频印制电路板的方式设计、集成在基板上。由于需要在一个小的集成空间内保持足够的天线信号强度，因此毫米波雷达对高频印制电路板的技术要求很高。

收发芯片通常使用一种特殊的半导体，如硅锗（SiGe）双极晶体管、互补金属氧化物半导体（Complementary Metal Oxide Semiconductor，CMOS）等。基于硅锗双极晶体管的 77GHz 毫米波雷达可以满足汽车的应用需求，早期应用比较广泛，但它占用了大量集成电路板的空间，而且成本较高。随着半导体技术的进步，CMOS 在数字电路中的应用越来越广泛，成本较低，可以应用于毫米波雷达电路。与传统的硅锗双极晶体管相比，CMOS 可以在低电压下工作，降低了功耗。虽然 CMOS 在低频区存在较大的噪声问题，但在 77～79GHz 毫米波雷达的应用中，该问题并不突出。基于 CMOS 技术实现毫米波雷达的关键部件，大大降低了整个雷达系统的成本，在毫米波雷达领域得到了更广泛的应用。它使得毫米波雷达的成本降低，也使得毫米波雷达在智能网联汽车中得到了大规模应用。

信号处理芯片是雷达的重要组成部分，通过嵌入不同的信号处理算法，提取从射频前端采集的中频信号，获得特定类型的目标信息。

在车载毫米波雷达领域，应用比较广泛的是调频连续波雷达。调频连续波雷达既可测距又可测速，并且在近距离测量方面有很大优势。调频连续波雷达在扫频周期内调频发射频率变化的连线波（常见调频方式有三角波、锯齿波、编码调制、噪声调制等），遇到障碍物后，发射的电磁波被反射，产生与发射信号有一定频率差的回波，发射的连续波与回波信号的区别中包含物体的方位、速度等信息。

调频连续波雷达主要测量 3 个参数：距离、速度和方位角。其测量原理如图 2.7 所示。

（1）距离。测量频率差可以获得目标与雷达之间的距离信息，由于差频信号频率较低，一般为千赫兹级，因此硬件结构相对简单、易于数据采集并进行数字信号处理。

（2）速度。在图 2.7 所示三角的上升沿和下降沿可分别得到差频 Δf_1 与 Δf_2，从而求得雷达与目标的相对速度 v。

（3）方位角。调频连续波雷达有多个接收天线，目标反射到不同接收天线的信号幅度

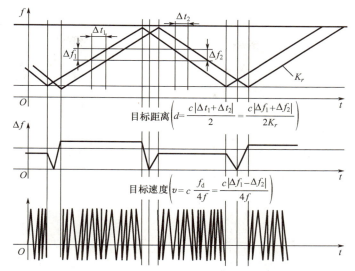

f—发射信号的中心频率;K_r—斜率;f_d—多普勒频移;Δf_1,Δf_2—差频;
Δt_1,Δt_2—发射信号和接收信号频率时间差;d—目标距离;v—目标速度;c—光速

图 2.7　调频连续波雷达的测量原理

和相位都有差异,结合接收天线的位置关系,通过分析处理多个接收天线捕获的信号,可以得到目标的方位角。假设两个接收天线的输出信号分别为 E_1 和 E_2,差信号(E_2-E_1)的振幅表明了目标角度,相位表明了目标偏离天线轴线的方向。由于和信号(E_1+E_2)的相位与目标方向无关,因此使用和信号作为基准可以获取目标的方向。

在毫米波雷达中,首先由发射天线发出电磁波,接收天线接收到雷达回波并解调后,雷达处理芯片对模拟信号进行数字采样,并进行相应的滤波;然后使用快速傅里叶变换(Fast Fourier Transform,FFT)将信号转换为频域;最后寻找信号中的特定特征(如信号强度、频率变化等),获取目标的位置及速度等测量信息,并对目标进行编号和跟踪。毫米波雷达信号收发与数据处理过程如图 2.8 所示。

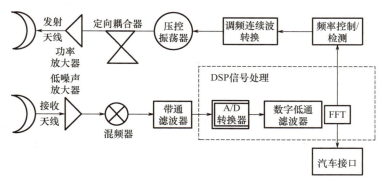

图 2.8　毫米波雷达信号收发与数据处理过程

毫米波雷达检测具有全天候工作的能力。根据毫米波雷达的有效探测范围,车载毫米波雷达可分为长距离雷达(LRR)、中距离雷达(MRR)和短距离雷达(SRR)。实际应用

中，LRR 和 MRR 通常布置在汽车前方，用于检测前方较远范围内的目标；SRR 通常布置在汽车四角位置，用于检测侧前方、侧后方等范围内的目标，如图 2.9 所示。

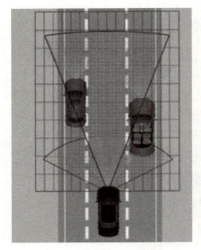 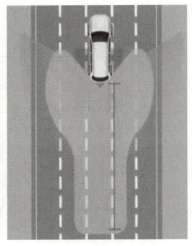

(a) LRR和MRR检测范围　　　　　　　(b) SRR检测范围

图 2.9　毫米波雷达检测范围

智能网联汽车领域中应用的毫米波雷达，中短距离以 24GHz 频段为主；长距离以 77GHz 频段为主；79GHz 因在行人检测方面效果良好，故在日本等国家得到了应用。这些频段在大气中衰减较少，尤其是 77GHz 毫米波雷达被认为是未来的主流，其主要优势如下。

（1）探测距离远。77GHz 毫米波雷达带宽大，天线小，功率集中，探测距离远。

（2）频段独特。为了减小对电信信号与射电天文信号（处于 24GHz 频段）的干扰，欧洲联盟（欧盟）限制了仅用于短程雷达的 24GHz 车载毫米波雷达的传输功率，而 77GHz 频段是相对专属汽车领域应用的电磁波频段。

（3）尺寸更小，更容易实现小型化。

24GHz 毫米波雷达的波长约为 1.25cm，主要用于短距离传感，安置在汽车后方，可探测车身周围环境（行人、汽车等），实现盲点监测、车道偏离预警等近距离功能。77GHz 毫米波雷达的波长小于 4mm，适合中长距离测量，一般安置在汽车前方（如保险杠上），实现前方碰撞预警、自适应巡航、紧急制动等远距离功能。在相同体积下，77GHz 毫米波雷达与 24GHz 毫米波雷达相比，能设计更多收发阵元，获得更窄的波束，从而提高测量角度精度。

在毫米波雷达常用场景中，自适应巡航功能一般需要 3 个毫米波雷达，汽车正中间搭载 77GHz 毫米波雷达，测量角度约为 10°，测量范围为 150～250mm；汽车两侧各搭载 1 个 24GHz 的 MRR，测量角度均为 30°，测量范围均为 50～70m。自动紧急制动功能需要 1 个 77GHz 的 LRR 实现。77GHz 毫米波雷达与 24GHz 毫米波雷达性能比较见表 2-3。

表 2-3　77GHz 毫米波雷达与 24GHz 毫米波雷达性能比较

雷达类型	77GHz 毫米波雷达	24GHz 毫米波雷达
波长	短	长
绕射能力	弱	强

续表

雷达类型	77GHz 毫米波雷达	24GHz 毫米波雷达
带宽	窄	宽
测量精度	较高	较低
测距	覆盖距离为 280m	覆盖距离为 30m
测速	车速上限为 250km/h	车速上限为 150km/h
测幅	窄	较宽
空间分辨率	一般为 0.5m	近距离精度达厘米级
应用	自适应巡航、自动紧急制动、前碰撞预警等	盲点监测、自动泊车辅助
适用距离	长距离	中短距离

博世、大陆等公司的毫米波雷达销量在全球市场竞争中遥遥领先。下面分别介绍两个公司的产品。

博世公司：在 77GHz 毫米波雷达长距离探测上优势明显，推出了 77GHz 毫米波雷达 MRR 和 LRR 两个系列，分别对应中距离检测和长距离检测，其中 LRR 的最新一代产品——LRR 4 的最大检测距离超过 200m，可以使汽车在车速为 160km/h 时使用自适应巡航功能。

大陆公司：24GHz 毫米波雷达销量较大，SSR 320 短距离雷达是其主要产品。而在中长距离毫米波雷达方面，大陆公司推出了 ARS 410 和 ARS 430 两款 77GHz 毫米波雷达，检测距离分别为 170m 和 250m。其中 ARS 430 的角度分辨率达到 3°，还可以与激光雷达一样检测到静止物体。升级版 ARS 441 毫米波雷达具备探测路缘的能力。大陆公司 ARS 404-21 毫米波雷达的性能参数见表 2-4。

表 2-4 大陆公司 ARS 404-21 毫米波雷达的性能参数

检测距离	0.20～170m@±4°、0.20～120m@±9°（远距离）
	0.20～70m@±9°、0.20～40m@±45°（近距离）
距离分辨率	0.75m（远距离），0.40m（近距离）
距离精确度	±0.20m（远距离），±0.10m（近距离）
方位角	±9°（远距离），±45°（近距离）
俯仰角	18°（远距离，近距离）@6dBm
角度分辨率	3.3°（远距离），6.6°@0°～9.3°@45°（近距离）
角度精确率	0.1°@±6～0.2°@±9°（远距离），0.6°@0°～2.0°@45°（近距离）
测速范围	−400～200km/h
速度分辨率	0.28km/h
速度精确度	±0.1km/h
CAN 接口	500kb/s 单总线可挂载 8 个设备
功耗	4.5W/375mA 常规，12W/1.0A@Max（8～32V DC）

2.1.3 激光雷达

激光雷达

激光雷达通过发射激光光束扫描环境,并接收反射回来的光束以获取检测数据,利用飞行时间测量法获取激光发射器到物体的距离:激光雷达中的激光发射器在发射时,产生超短激光脉冲,激光投射到物体后发生漫反射,激光接收器接收反射回来的激光脉冲;通过激光光束(以光速传播)的飞行时间($t_2 \sim t_1$)和光速,准确计算出目标物体到激光雷达的距离。64线机械式激光雷达如图2.10所示。激光测量原理如图2.11所示。

图2.10　64线机械式激光雷达　　　　图2.11　激光测量原理

t_1—激光发射始点;t_2—激光接收始点

实际应用中,激光雷达通过机械、电子等处理方式控制激光光束,实现多条光束扫描环境,产生的检测数据经过处理可以获得环境中物体的点云,用于实现对环境的精确三维测量。多条激光光束扫描实现环境的三维测量如图2.12所示。

图2.12　多条激光光束扫描实现环境的三维测量

激光雷达获取环境点云、实现环境特征提取的过程如图2.13所示,通过激光雷达获取的环境点云,可以准确地获取高精度的空间环境信息,测距精度可达厘米级。通过处理空间环境点云数据,可以获取环境中目标的距离、速度、方位、姿态甚至形状、尺寸等参数。激光雷达环境检测与信息提取的过程如图2.14所示。

激光雷达已成为汽车自动驾驶、无人驾驶、定位导航、空间测绘、安保安防等领域的关键传感器。激光雷达通常以多光束扫描,且激光探测精度高,具体有如下特点。

图 2.13 激光雷达获取环境点云、实现环境特征提取的过程

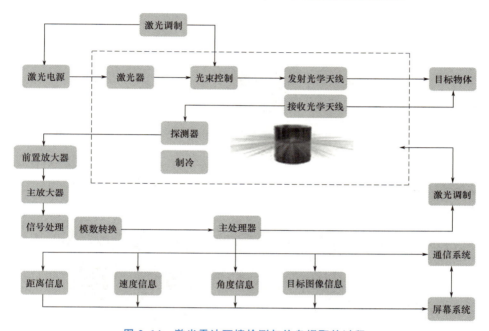

图 2.14 激光雷达环境检测与信息提取的过程

（1）分辨率高。激光雷达有极高的角度分辨率、距离分辨率和速度分辨率。

（2）隐蔽性好，抗干扰能力强。激光是线性传输的，具有良好的方向性和容光性。

（3）低空探测性能好，但受各种地面回波的影响，在低空一定区域内存在盲区。

（4）体积小，质量轻。

（5）工作时受气候、天气影响大。在大雨、浓烟、浓雾等工况下，激光衰减急剧增大，传播距离大受影响。

激光雷达有多种分类方法：**按照激光发射波形可分为连续型激光雷达、脉冲型激光雷达；按照探测方式可分为直接探测激光雷达、相干探测激光雷达；按照光束控制方式可分为机械式激光雷达、固态激光雷达等；按照工作介质可分为半导体激光雷达、固体激光雷达、气体激光雷达；按照线数可分为单线激光雷达、多线激光雷达；按照运载平台可分为车载激光雷达、机载激光雷达、星载激光雷达。**

在车载激光雷达应用领域，重点关注的是激光雷达的结构、测量性能、成本等，主要分为多线旋转式激光雷达和固态激光雷达两大类。

（1）多线旋转式激光雷达。

如图 2.15 所示，**多线旋转式激光雷达主要由激光发射器、光学接收器、伺服电动机、光学旋转编码器、倾斜镜等构成。**激光发射器将电脉冲转换成光脉冲发射出去，光学接收器再把从目标反射回来的光脉冲还原成电脉冲，对连续检测获取的 360°环境信息进行数据处理，得到环境的点云信息。

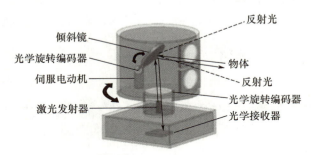

图 2.15 多线旋转式激光雷达的构成

激光束越多，扫描频率越高，对环境中物体轮廓的获取就越全面。多线旋转式激光雷达获取的环境信息如图 2.16 所示，激光雷达通过三维点云描述环境，通过进一步的数据处理，可以分辨出环境中目标的类型、运动状态、三维尺度等较全面的信息。

图 2.16 多线旋转式激光雷达获取的环境信息

多线旋转式激光雷达一般分为 16 线、32 线、64 线、128 线。高频激光器可以在 1s 内获得 $1\times10^6 \sim 1\times10^7$ 数量级的位置点云信息，并根据这些信息进行三维建模。除了获得位置信息外，还可以通过激光信号的反射率区分不同的材质（可用于车道线识别）。

（2）固态激光雷达。

多线旋转式激光雷达依靠旋转部件控制激光发射的角度，**固态激光雷达依靠电子元件控制激光发射的角度**。多线旋转式激光雷达体积大、价格高、测量精度高，通常放置在汽车外。固态激光雷达体积小、成本低，可以隐藏在汽车内，不影响外观。

与多线旋转式激光雷达相比，固态激光雷达有很多优势。首先，由于不需要旋转部件，因此可以优化雷达结构、压缩尺寸、延长使用寿命，并降低成本；其次，多线旋转式激光雷达光学结构固定，需要复杂的标定，而固态激光雷达可以通过软件进行调节以适配不同汽车，大大降低了标定的难度；最后，固态激光雷达具有数据采集速度快、分辨率高、对温度和振动适应性强等优点。但固态激光雷达也有缺点，固态意味着激光雷达只能探测特定范围,要实现全方位扫描,需多个固态激光雷达配合使用。

固态激光雷达通过电子元件控制激光发射角度,实现扫描范围的调整。由于光束可控,因此固态激光雷达可以实现扫描范围的动态调整,如在高速公路上强化前方扫描、在十字路口强化侧面扫描。根据调整光束方式的不同,固态激光雷达通常分为相控阵固态激光雷达、微机电系统(Micro Electromechanical System,MEMS)固态激光雷达和 Flash 固态激光雷达三种类型。

① 相控阵固态激光雷达。固态激光雷达采用相控阵原理,通过调整发射阵中各发射单元的相位差来改变激光的发射角,实现探测范围的调整。光学相控阵通常由其相位的电子束扫描控制,因此也称电子扫描技术。相控阵固态激光雷达扫描范围如图 2.17 所示。

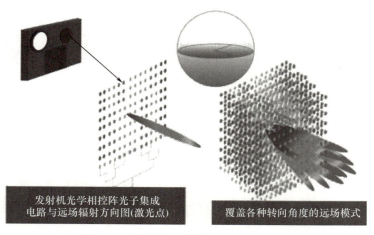

图 2.17　相控阵固态激光雷达扫描范围

相控阵固态激光雷达的核心技术包括光学相控阵、光学集成电路和远场辐射模式。相控阵固态激光雷达是一种没有机械固件的纯固态激光雷达,与多线旋转式激光雷达相比,它具有扫描速度快、精度高、可控性好等优点,但容易形成旁瓣,影响光束作用距离和角度分辨率。

② MEMS 固态激光雷达。MEMS 固态激光雷达通过微振镜(图 2.18)的摆动实现环境扫描。MEMS 固态激光雷达将所有机械部件集成到 MEMS 中,通过半导体工艺进行电子、微机电结构设计。它没有大型机械旋转结构,从根本上降低了成本。MEMS 固态激光雷达可以通过 MEMS 的结构设计实现更多线束的扫描来提高分辨率,而不必增加激光发射器和接收器。市场上常见的是深圳市镭神智能系统有限公司生产的 MEMS 固态激光雷达——LS20B。LS20B 严格按照 ISO 26262 标准进行系统设计,拥有水平 120°、垂直 20°的宽广视域,角度分辨率可等效于 200 线机械式激光雷达的扫描效果,25 帧/秒的帧刷新率确保雷达在高速运动场景中也能实时快速响应,嵌入式的外观设计可与汽车完美融合,多层次兼顾自动驾驶汽车对激光雷达的高性能的要求。LS20B 的性能参数见表 2-5。

图 2.18 微振镜

表 2-5 LS20B 的性能参数

型号		LS20B
激光波长		905nm
激光等级		ClassⅠ（人眼安全）
探测距离		100m、150m、200m
测量精度		±3cm
视场角	水平	120°
	垂直	20°
角度分辨率	水平	0.25°
	垂直	0.1°（等效于200线）
信号传输方式		以太网
帧刷新率		10帧/秒、15帧/秒、20帧/秒、25帧/秒
功耗		100W
供电范围		9～16V DC
工作温度		-40～85℃
相对湿度		5%～95%

③ Flash 固态激光雷达。**Flash 固态激光雷达**是一种通过发射面阵光配置激光扫描范围的激光雷达，它不通过控制激光发射角实现扫描，是一种聚焦于二维图像或三维图像的激光雷达，虽然稳定性好、成本低，但是探测距离很短。另外，Flash 固态激光雷达在技术可靠性方面存在问题。图 2.19 所示为 Flash 固态激光雷达的结构。

2.1.4 视觉传感器

车载视觉起源于生理视觉，是基于机器视觉的理论知识，并结合光学、微电子技术、计算机技术等及汽车运动的特点形成的。车载视觉是无人驾驶技术的重要组成部分，相当于驾驶人的眼睛，是未来无人驾驶技术的发展重点。

视觉传感器成本低，获取的环境信息直观，在车载领域得到了广泛应用，比如常见的倒车影像和360°全景环视系统都使用了鱼眼视觉传感器。同

车载摄像头介绍

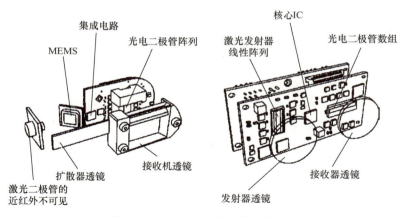

图 2.19　Flash 固态激光雷达的结构

时，随着各类图像处理方法的发展及图像处理芯片成本的持续降低，使用视觉传感器实时获取环境信息成为一种可行的车载应用方案。因此，视觉传感器成为智能网联汽车广泛使用的传感器。具备图像识别能力的视觉传感器主要是车载前视摄像头，如图 2.20 所示。

图 2.20　车载前视摄像头

视觉传感器又称成像装置或摄像装置，是智能网联汽车路径识别模块中摄像头的重要组成部分，可以检测可见光、紫外线、X 射线、近红外光等，实现视觉功能的信息采集、转换和扩展，提供可视化、真实、多级、多内容的视觉图像信息。视觉传感器的种类见表 2-6，按安装位置分为前视视觉传感器、后视视觉传感器和环视视觉传感器；按镜头类型分为长焦视觉传感器、鱼眼视觉传感器；按传感器原理分为单目视觉传感器、双目视觉传感器和红外夜视视觉传感器等。

表 2-6　视觉传感器的种类

按安装位置分	按镜头类型分	按传感器原理分
前视视觉传感器	长焦视觉传感器	单目视觉传感器
后视视觉传感器		双目视觉传感器
环视视觉传感器	鱼眼视觉传感器	红外夜视视觉传感器

单目视觉传感器（单目摄像头）、双目视觉传感器（双目立体摄像头）、红外夜视视觉传感器（红外摄像头）是在汽车上应用比较广泛的视觉传感器，其检测原理、处理算法及特点各不相同。

1. 单目视觉传感器

单目视觉传感器的工作原理是先识别后测距。首先通过图像匹配识别图像，然后根据图像的尺寸估计障碍物和汽车移动时间。在算法设计过程中，需要将标记有待识别目标的图片建成样本数据库，并用算法学习这些图片中的特征，在实际应用时，可以根据已经学习到的特征识别出待识别目标。要识别各种车型，需要建立车型数据库；要识别动物，需要建立动物数据库；要识别人类或者自行车等交通参与者，需要建立相应的模型数据库。样本数据库容量越大，通过学习得到的计算机视觉算法越可以准确地识别目标，同时避免误识别。

辅助驾驶领域的单目视觉传感器可识别 40～120m 的目标，未来将达到 200m 甚至更远。单目视觉传感器的视角越大，可以检测到的精确距离越近；视角越小，可以检测到的精确距离越远。

单目视觉传感器是自动驾驶系统中最重要的传感器之一，通过车道线检测和汽车检测，可以实现车道保持功能和自适应巡航功能。它具有成本低、帧速率高、信息丰富、检测距离远等优点，但易受光照、气候等环境影响，缺乏目标距离等深度信息，对目标速度的测量也有一定影响。

智能网联汽车传感系统使用单目视觉传感器也有明显问题，比如依赖大量训练样本、特征提取过程难以观测和调整等。受限于物理特性，单目视觉传感器的测距精度远低于激光雷达和毫米波雷达。因此，在实际应用中，需要结合激光雷达和毫米波雷达等其他传感器进行检测，这些传感器在各自约束条件下能够发挥最佳性能，各类传感器的融合将大大提高目标检测的精度。传感器融合是感知的核心理念，需要利用不同传感器的优点，克服各自的缺点，实现相互补偿。

另外，因为单目视觉传感器的镜头角度、探测范围和精度有所不同，所以在实际应用中经常采用组合的单目视觉传感器来实现不同环境的检测。

(1) 长焦视觉传感器与短焦视觉传感器组合，提供远距离精确探测和近距离大范围探测的综合检测。

(2) 四个鱼眼视觉传感器分别布置在汽车的前、后、左、右，通过图像拼接提供环视功能。

车载流媒体摄像头 HP-802 是一款主要用于行车记录仪后录流媒体及倒车后视产品，搭载 200 万高清索尼 CCD 感光芯片，其性能参数见表 2-7。

表 2-7 HP-802 的性能参数

产品品牌	豪派	产品型号	HP-802
传感器类型	IMX307 1/2.8in	有效像素尺寸	$2.8\mu m（H）\times 2.8\mu m（V）$
有效像素	200 万	白平衡	自动
水平分辨率	1920×1080 TV lines	视频输出	AHD
制式	PAL 制	原/镜像	可调
倒车标尺	无	光圈	F/NO=1.8
焦距	$f=3.35mm$	视角	$D=140.6°, H=112°, V=57°$
工作电流	≤200mA	电源供应	4.5～5.5V DC

2. 双目视觉传感器

双目视觉传感器（图2.21）的工作原理是先测量物体与本车距离，然后识别物体。

图2.21 双目视觉传感器

在距离测量阶段，双目视觉传感器先利用视差直接测量物体与汽车之间的距离，原理与人眼相似。当两只眼睛注视同一个物体时会有视觉差异（视差），分别闭上左、右眼看物体时会感觉位移，这种位移可以用来测量目标物体的距离。

双目视觉传感器利用仿生学原理，校准后获得同步曝光图像，然后计算得到二维图像像素的三维深度信息；利用视觉计算原理，可以计算出拍摄场景中物体的三维空间位置信息。在此基础上，可以实现环境感知、体感、建模和行为识别等多种应用。双目视觉传感器可以获取单目视觉传感器无法准确识别的信息。双目视觉传感器要求两个镜头之间的误差越小越好，如果两个镜头的误差都大于5%，那么识别过程中调整算法的难度就会很大，不能保证测距准确性。

双目视觉传感器可以在不识别目标的情况下获得距离数据。双目视觉传感器输出深度图不能直接用于自动紧急制动系统等，与单目视觉传感器相同，也需要对目标作出识别，此时仍然要利用与单目视觉传感器相同的特征提取和机器学习算法。

双目视觉传感器的安装要求很高，如镜头之间的距离为10~20cm，这个距离需要非常精确，因为直接关系到测距精度。由于汽车所处的环境复杂多变，因此要求工作环境温度为−40~85℃。另外，传统器材必然存在热胀冷缩问题，影响两个镜头透镜之间的距离。

由于目标距离越远视差越小，因此双目视觉传感器在20m内测距精度较高，随着距离增大，可以通过高像素镜头和更优秀的算法提高测距性能。镜头间距对检测距离也有较大影响，镜头间距越小，检测距离越近；镜头间距越大，检测距离越远，同时标定难度和安装难度越大。考虑车载设备安装布置和标定等因素，镜头间距也不能过大，因此双目视觉传感器的测距能力受到了限制。双目视觉传感器兼具图像和激光测量的特点，也有自身安装、标定和算法方面的挑战。在实际应用中，双目视觉传感器可以获取的点云数量远大于激光雷达，但是要用强大的算法适配才能进一步分类、识别和目标跟踪，同时需要具有较强计算能力的嵌入式芯片才能发挥其优势。

在辅助驾驶和自动驾驶过程中，汽车必须随时了解周围环境，必须可靠地检测物品和人员，并能够作出适当的反应。

立体视觉利用视差精准测距示意如图2.22所示，利用左相机和右相机对场景同步成像。与人类双眼成像原理相同,在左右眼成像中,同一个物体所处的位置不同。如果将左右眼成像进行对比,会发现近处的物体在左右眼中的位置变化差异较大,而远处的物体在左右眼中的位置变化差异较小。

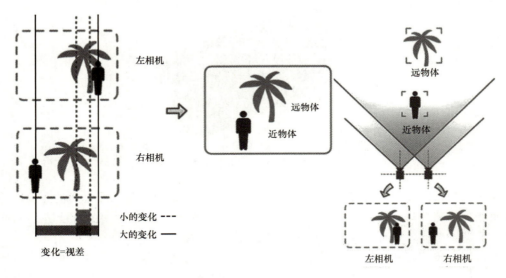

图 2.22 立体视觉利用视差精准测距示意

世界坐标系中的每个点离立体相机的距离都可以通过视差来转化。

视觉传感器在驾驶人辅助系统中起着关键作用,因为它使汽车在任何时候都能可靠地检测物体和人。经典的图像处理算法与人工智能方法结合,保证了目标检测的弹性,适用于未来涉及视频驱动辅助系统的应用。

北京中科慧眼科技有限公司开发的睿目 SE2 是一款针对商用车推出的限高检测产品,在汽车行驶过程中,睿目 SE2 实时感知汽车前方的道路环境,当汽车前方出现本车不可通过的限高杆、隧道或天桥的限高装置时,睿目 SE2 会向驾驶人发出声音和视觉提醒,帮助驾驶人避免由不熟悉汽车高度或分神等造成的碰撞事故的发生。睿目 SE2 产品规格见表 2-8。

表 2-8 睿目 SE2 产品规格

	处理器	FPGA,Dual-Core ARM
处理单元		
	内存	8GB
	基线	12cm
	镜头焦距	8mm
立体相机	动态范围	120dB
	分辨率	1280mm×720mm
	视场角	HFOV 40°

续表

数据通信	支持接口	CAN、网口、GPS
其他参数	工作电压	9～36V
	功率	6W
	存储温度	－40～85℃
	工作温度	－40～70℃

3. 红外夜视视觉传感器

由于夜间可见光成像的信号噪声比较小，因此基于可见光的视觉传感器夜间成像的难度较大，而远红外系统能发挥一定优势。

自然界中一切温度高于绝对零度的物体，都时刻向外辐射红外线。红外线辐射的本质是热辐射，也是一种电磁波。红外线是从物质内部发射出来的，产生红外线的根源是物质内部分子热运动。

红外线通常是指波长为 0.78～1000μm 的电磁波，可见光的波长范围为 0.39～0.77μm，红外波段的短波端与可见光的红光部分相邻，长波端与微波相接。红外线与电磁频谱的可见光相同，以光速传播，遵守相同的反射、折射、衍射和偏振等定律，因此其成像原理与前面介绍的视觉传感器完全相同。远红外与可见光波段如图 2.23 所示。

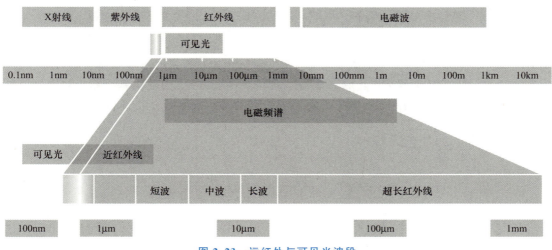

图 2.23 远红外与可见光波段

基于红外热成像原理，通过能够透过红外线的红外光学系统，将视场内景物的红外线聚焦到红外探测器上，红外探测器将强弱不等的辐射信号转换为相应的电信号，然后经过放大和视频处理，形成可供人眼观察的视频图像，如图 2.24 所示。

红外夜视可以分为主动红外夜视和被动红外夜视两种类型。主动红外夜视技术通过主动向外发射强红外线，由反射光学系统的物镜组接收，在红外成像管的光电阴极表面形成被测目标的红外图像；被动红外夜视技术利用目标发出的红外线形成环境的热图像。红外夜视成像与目标红外夜视系统是视觉传感器的独特分支。由于图像处理算法在处理远红外

图 2.24 红外夜视成像目标识别

夜视图像过程中依然能够发挥作用，因此红外夜视系统能够像可见光视觉传感器一样，获取环境中的目标尺寸和距离等信息，在光照不足的条件下是对可见光视觉传感器的有效补充。

2.2 定位导航传感器

2.2.1 差分全球定位系统

差分全球定位系统（Differential Global Positioning，DGPS）首先利用已知精确三维坐标的基准台，求得伪距修正量或位置修正量，然后将这个修正量实时或事后发送给用户（GPS导航仪），修正用户的测量数据，以提高 GPS 定位精度。DGPS 系统由基准站、数据传输电台、移动站组成。基准站的结构如图 2.25 所示，移动站的结构如图 2.26 所示。

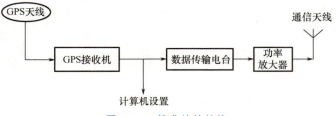

图 2.25 基准站的结构

差分全球定位系统

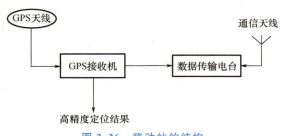

图 2.26 移动站的结构

按照基准站发送信息方式的不同，DGPS 定位分为位置差分、伪距差分和载波相位差分。 这三种差分方式的工作原理是相同的，即都是由基准站发送修正数，由用户站接收并修正测量结果，以获得精确的定位结果。但它们发送修正数的具体内容不同，差分定位精度也不同。DGPS 在正常的 GPS 外附加差分修正信号，改善了 GPS 的精度。

（1）位置差分。

位置差分是一种最简单的差分方法，任何一种 GPS 接收机都可改装和组成这种差分系统。

安装在基准站上的 GPS 接收机观测四颗卫星后便可进行三维定位，解算出基准站的坐标。由于存在轨道误差、时钟误差、独立组网影响、大气影响、多径效应及其他误差，因此解算出的坐标与基准站的已知坐标不同，存在误差。基准站利用数据链将此修正数发送出去，由用户站接收，并且修正解算的用户站坐标。最后得到的修正后的用户站坐标已消去基准站和用户站的共同误差，如卫星轨道误差、独立组网影响、大气影响等，提高了定位精度。以上先决条件是基准站和用户站观测同一组卫星的情况。位置差分适用于用户站与基准站之间的距离小于 100km 的情况。

（2）伪距差分。

伪距差分是用途最广的一种差分方法，几乎所有商用 DGPS 接收机均采用这种技术。

伪距差分是在基准站上观测所有卫星，根据基准站的精确坐标和各卫星坐标，求出每颗卫星每个时刻到基准站的真实距离，并将此距离与存在误差的测量值进行比较。利用 α-β 滤波器对此差值滤波并求出偏差。然后将所有卫星的测距误差传输给用户站，用户站利用此测距误差改正测量的伪距。最后，用户站利用改正后的伪距解算出自身位置，消去公共误差，提高定位精度。

与位置差分相似，伪距差分能将两站公共误差抵消，但随着用户站到基准站距离的增大，出现了系统误差，这种误差用任何差分法都不能消除。用户站与基准站之间的距离对精度有决定性影响。

（3）载波相位差分。

载波相位差分（Real Time Kinematic，PTK）技术是建立在实时处理两个测站的载波相位基础上的。它能实时提供观测点的三维坐标，并达到厘米级的精度。

与伪距差分原理相同，载波相位差分的原理（图 2.27）是由基准站通过数据链实时将载波观测量和测站坐标信息传送给用户站。用户站接收 GPS 卫星的载波相位与来自基准站的载波相位，并组成相位差分观测值进行实时处理，能实时给出厘米级的定位结果。

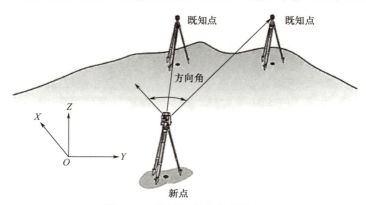

图 2.27　载波相位差分的原理

2.2.2 惯性导航传感器

惯性导航系统（Inertial Navigation System，INS）利用惯性测量单元（Inertial Measurement Unit，IMU）的角度和加速度信息来计算载体的相对位置。IMU 利用陀螺仪或加速度传感器等惯性传感器的参考方向和初始位置信息来确定载体位置。惯性导航涉及力学、控制理论、计算机技术、测试技术、精密机械技术等，是一种综合性很强的应用技术。

惯性导航系统

典型的六轴 IMU 由六个传感器组成，这些传感器排列在三个正交轴上，每个正交轴上都有一个加速度计和一个陀螺仪。加速度计可以测量载体的瞬间加速度信息，计算后获得载体的瞬时速度和位置；陀螺仪可以测量瞬时角速率或角位置信息，提供各轴（及其上的加速度计）在各时刻的方向。基于上述过程，空间载体的瞬时运动参数（包括直线运动参数和角运动参数）可以由 IMU 测量得到。惯性导航可以利用这些测量值计算载体的空间位置和速度，并且通过 IMU 提供的三轴角速度数据估计汽车姿态，如侧倾、俯视和航向等。

1. 陀螺仪

陀螺仪是一种绕支点高速旋转的物体，当它高速运行时，可以直立地立在地面上而不会倾倒。图 2.28 所示表明高速旋转的物体具有保持其旋转轴方向恒定的特性。

陀螺仪的工作原理

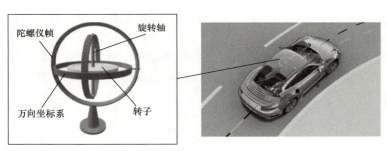

图 2.28　陀螺仪

在没有重力的情况下，陀螺将沿着斜坡的方向滚动，因为它缺少固定接头的支撑。19 世纪物理学家用支架支撑陀螺，该陀螺称为陀螺仪，其一般由转子（旋转轮）、内框架和外框架组成。

转子在内框架内高速旋转，内框架绕内框架轴相对于外框架自由转动，外框架绕外框架轴相对于支架自由转动，两个旋转的角速度称为牵连角速度。旋转轴、内框架轴和外框架轴的轴线相交于一点，称为陀螺支点，整个陀螺可以围绕支点任意旋转。

图 2.29　微陀螺

陀螺有多种类型，根据陀螺转子主轴的进动程度可分为二自由度陀螺和单自由度陀螺；根据支撑系统可分为滚子轴承陀螺、液浮/气浮陀螺、磁悬浮陀螺、挠性陀螺和静电陀螺；根据物理原理可分为转子陀螺、半球谐振陀螺、微机械陀螺、环形激光陀螺和光纤陀螺。微陀螺如图 2.29 所示。

惯性导航技术已经实现高精度、高可靠性、低成本、小型化、数字化，陀螺仪精度不断提高，漂移高达 $6°/h \sim 10°/h$。另外，

RLG、FOG、MEMS等新型固态陀螺仪技术逐渐成熟，推动了惯性导航系统在各领域得到广泛研究和应用。

随着微机械技术的发展，MEMS在导航领域日益受到青睐。MEMS陀螺仪凭借体积小、质量轻、集成化程度高、功耗低、可靠性高等优点，在军用、民用导航领域炙手可热。根据应用场景和精度的不同，陀螺仪可分为战略级陀螺仪、导航级陀螺仪、战术级陀螺仪和商业级（消费级）陀螺仪，其性能对比见表2-9。

表2-9 陀螺仪性能对比

性能指标	战略级陀螺仪	导航级陀螺仪	战术级陀螺仪	商业级陀螺仪
标度因数稳定性	<1	1～100	100～1000	>1000
零偏稳定性/（°/h）	<0.005	0.01～0.15	0.15～15	>15
随机游走/（°/h）	<0.01	0.01～0.05	0.05～0.5	>0.5
量程/（°/s）	>500	>500	>400	50～1000

MEMS陀螺仪主要用于战术级和商业级领域，通常用于弹道导弹、制导火箭弹、制导炮弹、制导炸弹等军用领域，以及无人驾驶、自动化农业、无人机、遥感测绘、移动工业机器人、自主航行船舶等民用领域。其主要性能指标如下。

（1）量程。量程是指陀螺仪的测量范围，表示陀螺仪敏感角速率的能力，根据载体的实际需求进行选择。通常产品量程越大，精度越低。

（2）零偏稳定性。零偏稳定性是评价陀螺仪性能的最重要指标，表示当输入角速率为零时，衡量陀螺仪输出量围绕其均值（零偏）的离散程度。可以用规定时间内输出量的标准偏差相应的等效输入角速率表示，也称零漂，单位为°/h和°/s。

（3）随机游走。随机游走是指由白噪声产生的随时间累积的陀螺仪输出的误差系数，单位为°/h，是表征陀螺仪角速度输出白噪声值的一项技术指标，反映的是陀螺仪输出的角速度积分（角度）随时间积累的不确定性（角度随机误差），也称随机游走系数（Random Walk Coefficient）。

（4）标度因数。标度因数是陀螺仪输出量与输入角速率的比值。

（5）抗振性。在颠簸的过程中，如果惯性测量单元受振动影响大，即在振动环境下零点发生漂移，造成其载体（如汽车、无人机、自动拖拉机等）偏离预定路径，则很容易发生危险。智能车偏离预定路径如图2.30所示。

2. 加速度传感器

加速度传感器（图2.31）实际上是用MEMS，将检测惯性力造成微小形变的机械结构集成在芯片中，采集惯性力产生的电信号测量惯性力，应用牛顿第二运动定律计算运动物体的线加速度。基于这种检测原理，加速度传感器无法区分重力加速度与外力加速度。

加速度传感器是惯性导航的重要组成部分之一。与传统加速度传感器相比，MEMS加速度传感器具有体积小、质量轻、成本低、功耗低、可靠性高等优点，广泛应用于航空航天、汽车等领域。

根据不同的加工工艺，MEMS加速度传感器可分为块状硅微加速度传感器和表面工艺微加速度传感器；根据不同的测量原理，可分为压阻式加速度传感器、压电式加速度传感器、隧道式加速度传感器、电容式加速度传感器和热式加速度传感器。MEMS 加速度传感器早已在汽车稳定性控制系统中得到普遍应用，在智能网联汽车惯性导航领域也是重要的传感器之一。

图 2.30　智能车偏离预定路径　　　　　图 2.31　加速度传感器

在惯性导航实现过程中，惯性导航系统既不向载体外部发送信号又不接收来自外部的信号，是一种完全自主的导航系统。惯性导航系统信号还可用于协助接收器天线与导航卫星定位对准，从而减小干扰对系统的影响。对于导航载波相位测量，惯性导航系统能够很好地解决卫星定位导航周期跳变和信号丢失后全周模糊度参数的重新计算问题。惯性导航系统的主要缺点是定位误差随时间的推移累积，经过长时间工作，累积误差会有不同程度的变化。综上所述，惯性导航在智能网联汽车中是一项关键技术，但需要与其他各种定位传感器配合，来满足智能网联汽车的高精度定位需求。

中航天佑的 INS300 惯性导航系统如图 2.32 所示。INS300 惯性导航系统用于高端无人车，具有高精度、低成本、光纤惯导等优点；内置/外置 GPS 板卡，GPS 信号丢失后，纯惯性可实现高精度航向、位置保持等功能，精度可满足无人汽车、无人船等的使用。INS300 惯性导航系统的性能参数见表 2-10。

图 2.32　中航天佑 INS300 惯性导航系统

表 2-10　INS300 惯性导航系统的性能参数

技术指标		性能参数				
	参数名称	单位	INS300A	INS300B	INS300C	INS300D
工作性能		GPS 有效 4m 基线				
	自寻北精度	°	≤1.5	≤2.5	≤4.0	≤5.0

续表

技术指标			性能参数			
工作性能	航向角精度	°	≤0.05			
	姿态角精度	°	≤0.01	≤0.03	≤0.05	≤0.08
	速度精度	m/s	≤0.03			
	位置精度	m	≤2m/RTK 1cm			
	GPS 失效					
	航向角保持精度	°	≤0.3，1h	≤0.5，1h	≤0.8，1h	≤1.0，1h
	姿态角保持精度	°	≤0.03，1h	≤0.05，1h	≤0.08，1h	≤0.08，1h
	位置精度	km	≤8，0.5h	≤10，0.5h	≤12，0.5h	≤15，0.5h
	系统测量范围					
	航向测量范围	°	±180			
	姿态测量范围	°	±90			

1 性能参数						
1.1 陀螺						
1.1.1	测量范围	°/s	±1000			
1.1.2	偏置稳定性	°/h	0.3	0.5	0.8	1.0
1.1.3	偏置重复性	°/h	0.3	0.5	0.8	1.0
1.1.4	随机游走系数	°/√h	≤0.03	≤0.05	≤0.08	≤0.1
1.1.5	标度因数非线性	ppm	≤70	≤100	≤150	≤300
1.1.6	标度因数不对称性	ppm	≤70	≤100	≤150	≤300
1.1.7	标度因数重复性	ppm	≤70	≤100	≤150	≤300
1.2 加速度计						
1.2.1	测量范围	g	±10			
1.2.2	偏置稳定性(1σ)	μg	70			
1.2.3	偏置重复性(1σ)	μg	70			
1.2.4	标定因数重复性(1σ)	ppm	≤200	≤200	≤300	≤300
2 环境参数						
2.1	工作温度	℃	−40～65			
2.2	贮存温度	℃	−45～70			
2.3	振动	Hz，g^2/Hz	20～2000，0.06			
2.4	冲击	g，ms	30，11			
3 电气参数						
3.1	输入电压	V DC	+9～36V DC			

续表

技术指标			性能参数
3.2	功率	W	20
3.3	数据输出格式	—	RS-422
3.4	数据刷新率	Hz	100
4 物理参数			
4.1	尺寸	mm×mm×mm	≤145×121.5×125
4.2	质量	kg	≤2.5
4.3	连接器	—	Y11P-1210ZK10
4.4	防护等级	—	IP65

2.3 语音识别传感器

语音识别技术是让智能设备听懂人类的语音，提供自动客服、自动语音翻译、命令控制、语音验证码等应用。

语音识别的本质是基于语音特征参数的模式识别，即通过学习，系统能够把输入的语音按一定模式进行分类，进而依据判定准则找出最佳匹配结果。模式匹配原理已经应用于大多数语音识别系统中。图 2.33 所示是基于模式匹配原理的语音识别系统框图。

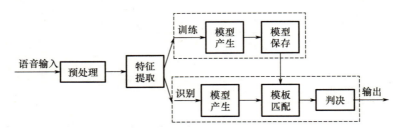

图 2.33 基于模式匹配原理的语音识别系统框图

一般模式识别包括预处理、特征提取、模板匹配等基本模块。如图 2.33 所示，首先对输入语音进行预处理，包括分帧、加窗、预加重等。其次是特征提取，因此选择合适的特征参数尤为重要。常用特征参数包括基音周期、共振峰、短时平均能量或幅度、线性预测系数、感知加权预测系数、短时平均过零率、线性预测倒谱系数、自相关函数、梅尔频率倒谱系数、小波变换系数、经验模态分解系数、伽马通滤波器系数等。在进行识别时，要按训练过程对测试语音产生模板，最后根据失真判决准则进行识别。常用失真判决准则有欧式距离、协方差矩阵与贝叶斯距离等。

语音识别传感器由数码管显示器、核心板、USB 电源指示灯、电源开关、指示灯、配网按键、喇叭组成。

语音识别传感器主流芯片有 MT8516、低功耗芯片 XR872 等，iFLYOS MT8516 开发套件（图 2.34）采用环形 6MIC 阵列结构，并与 MT8516 开发板高度集成，形成软硬件一体化。红外、串口、ZigBee 等多接口开放，小巧、易扩展，搭载 iFLYOS 生态，提供海量内容服务与定制化接口，满足多种远、近场语音交互场景。

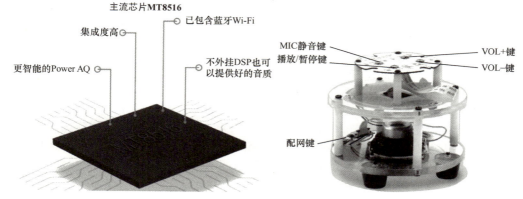

图 2.34　iFLYOS MT8516 开发套件

2.4　传感器融合技术

前面介绍了智能网联汽车上各类传感器的原理、特点和应用，从中可以看出，各类传感器因测量原理不同而在环境感知方面有着明显的不同。例如，毫米波雷达具有耐候性，可以全天候工作，但分辨率不高，无法区分人与物；视觉传感器具有较高的分辨率，可以感知颜色，但受强光影响较大；激光雷达可以提供具有三维信息的特性，对环境的可重构性很强，但受天气影响较大。毫米波雷达可以弥补激光雷达、视觉传感器在环境适应性上的不足；视觉传感器或者激光雷达可以弥补毫米波雷达在目标分类上的不足等。传感器有各自的优缺点，需要相互融合，以使智能网联汽车更加准确地理解环境，进而作出正确的决策。智能网联汽车传感器功能评级见表 2-11。

表 2-11　智能网联汽车传感器功能评级

项　目	视觉传感器	毫米波雷达	激光雷达	超声波雷达	毫米波雷达＋激光雷达	激光雷达＋视觉传感器	毫米波雷达＋视觉传感器
物体探测	★	★	★	●	●	●	●
物体分类	●	△	●	●	●	●	●
测距	★	★	★	△	★	●	●
物体边缘精度	●	△	★	●	●	●	●
车道跟踪	●	△	△	△	△	●	●
可视范围	★	★	●	△	●	★	●

续表

项　目	视觉传感器	毫米波雷达	激光雷达	超声波雷达	毫米波雷达＋激光雷达	激光雷达＋视觉传感器	毫米波雷达＋视觉传感器
抗恶劣气象条件干扰	△	★	●	●	●	★	●
抗不良照明条件干扰	★	★	★	●	●	●	●
成本	●	★	△	●	△	△	●
技术成熟度	●	★	△	●	△	△	●

注：●优；★一般；△差。

环境感知是通过视觉传感器、激光雷达、毫米波雷达、超声波雷达、陀螺仪、加速度计等传感器感知周围环境信息和汽车状态信息。未来，为了实现满足实际应用需求的自动驾驶系统甚至无人驾驶系统，需要多种传感器相互配合，实现智能网联汽车对环境的正确理解。汽车自动化的程度越高，集成在汽车上的传感器越多，传感器类型也越多，只有这样才能保证信息获取充分，且有冗余保障的汽车安全自动行驶。为了保证安全，必须融合多传感器的信息，以显著提高系统的冗余度和容错性，从而保证决策的速度和准确性，这是自动驾驶向智能驾驶方向发展，最终实现无人驾驶的必然趋势。

2.4.1　多传感器融合

多传感器融合的理论方法有贝叶斯统计理论、卡尔曼滤波、D－S证据理论、模糊集合理论、神经网络理论等。软件算法能够联合虚拟摄像头和环境传感器数据融合算法，得到更精确的数据分析与自主控制决策。图 2.35 所示是多传感器融合的过程。

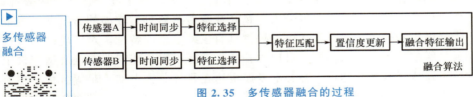

图 2.35　多传感器融合的过程

根据融合等级，多传感器融合分为原始数据级融合、特征数据级融合和目标数据级融合。单一传感器中，越靠近原始数据，干扰信号和真实信号并存的可能性越大，越早启动融合，真实信息的保留和干扰信息的去除效果越好，但同时为数据同步、处理算法计算带来相应的挑战。实际应用中，应结合感知需求和芯片计算能力选择合适的融合架构和方法，构建由各类传感器信息组成的数字环境，实现智能网联汽车对环境的感知和理解。

1. 传感器融合类型

传感器融合的复杂程度不同，且数据的类型不同。常见传感器融合示例是后视视觉传感器＋超声波雷达和前视视觉传感器＋前置雷达，如图 2.36 所示，可以通过对现有系统进行轻微更改和（或）通过增加一个单独的传感器组合控制单元实现。前视视觉传感器与前置雷达融合，以实现自适应巡航控制＋车道保持辅助；后视视觉传感器与超声波雷达组合，以实现自动泊车。

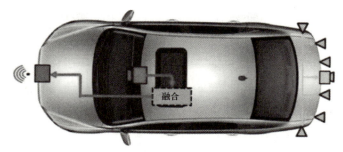

图 2.36 后视视觉传感器+超声波雷达和前视视觉传感器+前置雷达

(1) 后视视觉传感器+超声波雷达。

超声波雷达泊车辅助技术在汽车市场上被广泛接受,并且已十分成熟,这项技术在泊车时能对邻近物体给出听得见或看得见的报警。2018 年美国所有新出厂的汽车都必须安装后视视觉传感器。将后视视觉传感器与超声波雷达的信息结合在一起,可实现先进的泊车辅助功能,靠单一系统是无法实现的。后视视觉传感器使驾驶人能清楚地看到汽车后方环境,机器视觉算法可以探测物体、路肩石和街道上的标记。超声波雷达提供的补充功能可以准确识别物体的距离,并且在低光照或完全黑暗的情况下确保基本的接近报警。

(2) 前视视觉传感器+前置雷达。

前置雷达可在任何天气条件下测量 150m 以内物体的速度和距离。前视视觉传感器在探测和区分物体(包括读取街道指示牌和路标)方面十分出色。通过使用具有不同视场角和不同光学元件的多个视觉传感器,系统可以识别车前通过的行人和自行车,以及 150m 甚至更远范围内的物体,同时可以实现自动紧急制动和城市起停巡航控制等功能。

2. 传感器融合系统分割

与汽车内每个系统单独执行各自的报警或控制功能不同,在一个融合系统中,最终采取何种操作是由单个器件集中决定的。现在的关键问题是在何处完成数据处理,以及如何将传感器的数据发送到电子控制单元。当对不是集中在一起而是遍布车身的多个传感器进行融合时,需专门考虑传感器与电子控制单元之间的连接和电缆。对于数据处理的位置也是如此,因为它会影响整个系统的实现。系统分割中可能出现的两种极端情况是集中式处理和全分布式系统。

(1) 集中式处理。

集中式处理的极端情况是所有数据处理和决策制定都是在同一个位置完成的,数据是来自不同传感器的"原始数据",如图 2.37 所示。集中式处理的优缺点见表 2-12。

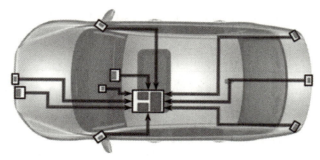

图 2.37 具有传统卫星式传感器模块的集中处理

表 2-12 集中式处理的优缺点

模块	优点	缺点
传感器模块	传感器模块体积小、成本低、功耗低、安装位置灵活、安装空间小	可能出现较大电磁干扰
电子控制单元	能获取全部数据	需要更高的处理能力及速度

(2) 全分布式系统。

全分布式系统（图2.38）是由本地传感器模块进行高级数据处理，并在一定程度上进行决策制定的。全分布式系统只将对象数据或元数据［描述对象特征和（或）识别对象的数据］发回电子控制单元，电子控制单元将数据组合在一起，并最终决定如何执行或作出反应。全分布式系统的优缺点见表2-13。

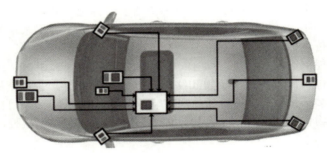

图 2.38 全分布式系统

表 2-13 全分布式系统的优缺点

模块	优点	缺点
传感器模块	传感器模块与电子控制单元之间用低带宽、简单且便宜的接口，CAN总线小于1Mb/s就够用	传感器内置处理器，体积大，价格高；安全功能要求高
电子控制单元	电子控制单元只融合对象数据，对处理能力要求低；模块体积小，功耗低；数据在传感器内部完成，不需要增加电子控制单元需求	电子控制单元只能获取对象数据，无法访问实际的传感器数据

根据系统使用传感器的数量与种类，以及针对不同车型和升级选项的可扩展性要求，将两个拓扑混合即可获得一个优化解决方案。很多融合系统将带本地处理的传感器用于超声波雷达和激光雷达，将前置摄像头用于机器视觉。全分布式系统可以使用现有的传感器模块与对象数据融合组合。例如环视视觉传感器和后视视觉传感器系统中的"传统"传感器模块可以让驾驶人看到周围环境，如图2.39所示。可以将更多的ADAS功能集成到驾

驶人监测或摄像头监控等融合系统中。

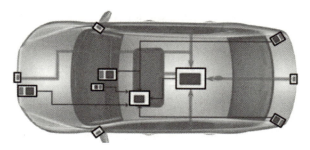

图 2.39　集中式处理和分布式系统的结合

2.4.2　多传感器信息融合算法

智能网联汽车的显著特点在于智能，即汽车自己能通过车载传感系统感知道路环境，自动规划行车路线并控制汽车到达预定目标。车载感知模块包括视觉感知模块、毫米波雷达、超声波雷达、360°环视系统等，多源传感器协同可识别车道线、行人、汽车等障碍物，为安全驾驶保驾护航。因此，感知信息需要融合、相互补充。

多传感器信息融合是指不同的传感器对应不同的工况环境和感知目标。比如，毫米波雷达主要识别前向中远距离（0.5～150m）障碍物，如路面汽车、行人、障碍物等；超声波雷达主要识别车身近距离（0.2～5m）障碍物，如泊车过程中的路沿、静止的前后汽车、过往的行人等。两者协同作用，互补不足，通过融合障碍物角度、距离、速度等数据，刻画车身周围环境和可达空间范围。智能网联汽车感知模块如图2.40所示。

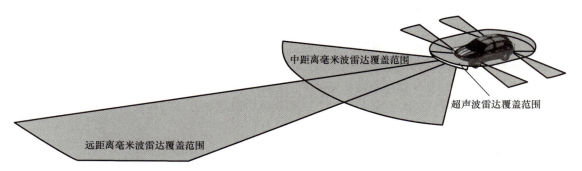

图 2.40　智能网联汽车感知模块

信息融合起初称为数据融合，数据融合的主要优势在于充分利用不同时间与空间的多传感器数据资源，采用计算机技术按时间序列获得多传感器的观测数据，在一定准则下进行分析、综合、支配和使用，获得对被测对象的一致性解释与描述，进而实现相应的决策和估计，使系统获得比其各组成部分更充分的信息。

多传感器信息融合过程包括六个步骤，如图2.41所示。首先是多传感系统搭建与定标，进而采集数据并进行数字信号转换（A/D）；然后进行数据预处理和特征提取；接着融合算法的计算分析；最后输出稳定的、更充分的、一致的目标特征信息。

图 2.41　多传感器信息融合过程

利用多个传感器获取的关于对象和环境的全面、完整的信息，主要体现在融合算法上。因此，多传感器系统的核心问题是选择合适的融合算法。对于多传感器系统来说，由于信息具有多样性和复杂性，因此对信息融合方法的基本要求是具有鲁棒性和并行处理能力，并保证运算速度和精度。常用数据融合算法包括贝叶斯统计理论、神经网络理论及卡尔曼滤波。

1. 贝叶斯统计理论

贝叶斯统计理论是一种统计学方法，用来估计统计量的某种特性，是关于随机事件 A 和随机事件 B 的条件概率的定理。

视觉感知模块中图像检测识别交通限速标志是智能驾驶的重要一环。交通限速标志识别过程中，交通限速标志被树木、灯杆等遮挡是影响识别的主要干扰。在交通限速标志被遮挡的情况下，检出率是多少呢？这里定义事件 A 为交通信号标志正确识别，事件 B 为交通信号标志未能识别；事件 C 为交通限速标志被遮挡，事件 D 为交通限速标志未被遮挡。

根据现有算法，可以统计出事件 A 正确识别交通限速标志的概率，此处事件 A 的概率称为先验概率。通过查看视觉感知模块的检测视频录像，可以统计检测出有多少交通限速标志中被遮挡，有多少没被遮挡；还可以统计有多少漏检的交通限速标志被遮挡，有多少没被遮挡。

通过计算可知，交通限速标志未被遮挡，完全暴露出来，识别率是相当高的；但如果交通限速标志被阻挡，则识别率比未遮挡的低很多。这两个指标的融合可以作为评价图像处理算法识别交通限速标志性能的重要参考。当然，实际融合过程要复杂得多，智能网联汽车工程师正不断优化，提高各种工况下的识别率，提供更舒适的智能驾驶辅助。

2. 神经网络理论

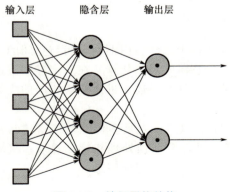

图 2.42　神经网络结构

从智能驾驶的发展历程来看，神经网络理论乃至深度学习技术广泛用于视觉感知模块的汽车识别、车道线识别、交通标志识别。神经网络结构如图 2.42 所示。通过采集和处理我国路况工况的数据，广泛获取不同天气状况（雨天、雪天、晴天等），不同路况（城市道路、乡村道路、高速公路等）的真实环境数据，为深度学习提供可靠的数据基础。此处神经网络的输入层数据（传感器获取的数据）是多源、多向的，可以是前风窗玻璃片上视觉感知模块的障碍物位置、形状、颜色等信息，也可以是毫米波雷达、超声波雷达检测的障碍物距离、角度、速度、加速度等信息，还可以是360°环视系统上采集的车位数据、地面减速带数据。

3. 卡尔曼滤波

卡尔曼滤波是一种利用线性系统状态方程，通过系统输入/输出观测数据，对系统状态进行最优估计的算法。卡尔曼滤波在已知测量方差的情况下，能够从一系列存在测量噪声的数据中估计动态系统的状态，便于计算机编程，并能够对现场采集的数据进行实时更新和处理。卡尔曼滤波是应用较广泛的滤波方法，在通信、导航、制导与控制等多个领域得到了广泛的应用。

卡尔曼滤波是多传感信息融合应用的重要手段之一。为了扼要地介绍卡尔曼滤波的原理，下面以毫米波雷达与视觉感知模块融合目标位置的过程为例进行讲解。

一般ADAS上搭载毫米波雷达和超声波雷达，两者均能对障碍物汽车进行有效的位置估计判别。

雷达利用主动传感原理发射毫米波，接收障碍物回波，根据波的传播时间计算角度和距离。两者均能识别出汽车位置，那么如何融合信息？如何取舍信息？如何计算出具体的汽车位置呢？

卡尔曼滤波正是解决这个问题的方法之一。获取的汽车位置在任何时刻都是有噪声的，卡尔曼滤波利用目标的动态信息，设法去掉噪声的影响，得到一个关于目标位置的好的估计。这个估计可以是对当前目标位置的估计（滤波），也可以是对将来目标位置的估计（预测），还可以是对过去目标位置的估计（插值或平滑）。卡尔曼滤波就是一个根据当前时刻目标的检测状态，预测目标下一个时刻检测状态的动态迭代循环过程。

1. 汽车雷达有哪些类型？
2. 简述激光雷达的结构、原理、分类及特点。
3. 简述双目视觉传感器的工作原理及特点。
4. 视觉传感器在智能网联汽车上主要实现哪些功能？

第 3 章
目标检测与识别技术

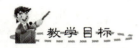 教学目标

1. 了解与智能驾驶相关的目标检测。
2. 掌握道路检测识别技术。
3. 熟悉车牌/车辆检测识别。
4. 掌握行人识别技术。
5. 掌握交通信号灯/交通标志检测识别。
6. 熟悉障碍物的多传感器融合检测。

 教学要求

知识要点	能力要求	相关知识
道路检测识别	了解道路的分类与复杂情况下的特点；了解道路识别的方法；掌握 Canny 算子＋Hough 变换的车道线识别方法	道路识别的特点与方法
车牌/车辆检测识别	熟悉车牌的区域特征；了解车牌/车辆的检测方法；掌握基于边缘提取的车牌检测传统方法	车牌/车辆检测的特征与检测方法
行人识别技术	熟悉行人识别的特征；了解行人识别的方法；掌握 HOG 特征＋SVM 分类的行人识别方法	行人识别的特征与识别方法
交通信号灯/交通标志检测识别	了解交通信号灯/交通标志的外观颜色特点；了解各种识别方法；掌握基于 YOLO 的深度学习识别方法	交通信号灯/交通标志的特点与识别方法
障碍物检测识别	熟悉视觉和雷达的障碍物识别方法；掌握多传感器融合的识别过程	多传感器融合的识别方法

在智能网联汽车兴起的情况下，目标检测与识别越来越重要。它属于环境感知的一部分，起到代替驾驶人"眼睛"的作用。经过多年的发展，已经出现很多检测与识别技术，它们各具特点并对某个特定对象的效果较好。

与智能网联汽车相关的主要检测对象包括道路、行人、车辆、车牌、交通标志、交通信号灯和各种障碍物等，相关检测与识别技术有以下两种：一种是传统的目标检测方法，通过区域选择—特征提取—特征分类三个阶段实现；另一种是神经网络带来的深度学习方法，通过网络训练提取出鲁棒性和语义性更好的特征，避免了人工设计的缺陷。

本章介绍五种检测识别方法，见表3-1。

表3-1 五种检测识别方法

目标	方法介绍	方法归属	优点
车道线	Canny算子＋Hough变换	传统方法	方法更容易学习理解，速度快
车牌	边缘提取，字符分割	传统方法	
行人	HOG特征＋SVM分类	传统方法	
交通标志	YOLO目标检测算法	深度学习方法	精度高，有框架可供使用
障碍物	超声波雷达与相机融合	多传感器融合算法	与单传感器相比更加精确

3.1 道路检测识别

道路检测识别主要用于车道偏离报警系统和车道保持辅助系统等。其实现方法主要分为基于雷达成像原理的雷达传感器和基于机器视觉图像的视觉传感器两类。

3.1.1 道路检测分类

道路检测的任务是提取车道的几何结构，如车道的宽度、车道线的曲率等，确定汽车在车道中的位置、方向，提取汽车可行驶的区域。根据道路构成特点，道路可以分为结构化道路和非结构化道路两类。

结构化道路（如城市道路、高速公路）具有明显的车道标识线或边界，几何特征明显，车道宽度基本保持不变。结构化道路检测一般依据车道线的边界或车道线的灰度与车道明显不同实现检测。结构化道路检测方法对道路模型有较强的依赖性，并且对噪声、阴影、遮挡等环境变化敏感。结构化道路识别方法比较成熟。

非结构化道路比较复杂，一般没有车道线和清晰的道路边界，或路面凹凸不平，或交通拥堵，或受阴影和水迹的影响。多变的道路类型、复杂的环境背景、阴影及变化的天气等都是非结构化道路识别方法面临的困难，道路区域和非道路区域更难以区分，所以针对非结构化道路的道路检测方法尚处于研究阶段。非结构化道路主要依据车道的颜色或纹理进行检测。

从算法的实现原理来看，虽然检测方法在实现细节上各不相同，但可以用图3.1所示的道路识别算法理论框架概括。也有部分道路检测不使用该理论框架内的方法，如神经网络理论。

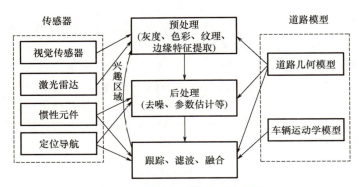

图 3.1　道路识别算法理论框架

3.1.2　复杂环境下的道路图像特点

复杂的道路环境和气候变化都会影响道路识别。

(1) 阴影条件下的道路图像。

检测和去除阴影一直是计算机视觉研究的热点和难点,可以通过分析阴影特征来识别道路。检测阴影一是基于物体的特性,二是基于阴影的特性。前者通过目标的三维结构、已知场景和光源信息来确定阴影区域,这种方法局限性很大,因为获得场景、目标的三维结构信息并不容易;后者通过分析阴影在色彩、亮度和三维结构等方面的特征来识别阴影,这种方法具有普遍性和实用性。由于直射光线被遮挡,因此阴影区域较暗、亮度较小,这些都是检测阴影的重要特征。另外,分析阴影的色彩特征是目前的研究热点,因为彩色图像比灰度图像包含更多信息。

(2) 强弱光照射条件下的道路图像。

光照处理可分为强光照射和弱光照射。强光照射造成的路面反射会使道路其余部分像素的亮度增大,而弱光照射会使道路像素的亮度减小。例如阴天时,道路图像具有黑暗、车道线难辨别等特点。

(3) 雨天条件下的道路图像。

雨水覆盖分为完全覆盖和部分覆盖两种。前者完全改变了道路的相对特征和种子像素,因此能够自然识别;后者如果雨水能反光,则可以通过光照处理解决。

(4) 弯道处的道路图像。

弯道道路图像与直线道路图像相比,在建模上更复杂,但是并不影响道路图像的检测。因为弯道图像的彩色信息与普通图像的彩色信息差别不大,所以依然可以利用基于模型的道路图像进行建模,提取弯道曲线的斜率,从而检测图像,考虑到汽车行驶重要信息均来自近区域,而近区域视野的车道线可近似看成直线模型。

3.1.3　道路识别方法

为了能在智能网联汽车的 ADAS 中应用视觉识别技术,视觉识别必须具备实时性、鲁棒性、实用性。实时性是指系统的数据处理必须与汽车的行驶速度同步;鲁棒性是指智能网联汽车上的机器视觉系统对不同的道路环境和变化的气候条件具有良好的适应性;实用性是指智能网联汽车的 ADAS 能够被普遍接受。

道路识别方法大体可以分为基于区域分割的识别方法、基于道路特征的识别方法和基于道路模型的识别方法。

1. 基于区域分割的识别方法

基于区域分割的识别方法是把道路图像的像素分为道路和非道路两类。 分割的依据一般是颜色特征或纹理特征。基于颜色特征的区域分割的依据是道路图像中道路部分的像素与非道路部分的像素的颜色存在显著差别。根据采集到的图像性质,颜色特征可以分为灰度特征和彩色特征两类。灰度特征来自灰度图像,可用的信息为亮度值;彩色特征除了包含亮度信息外,还包含色调和饱和度。基于颜色特征的车道检测的本质是彩色图像分割问题,主要涉及颜色空间的选择和采用的分割策略两个方面。当然,由于不同道路的彩色和纹理会有变化,道路的颜色也随时间变化而变化,因此基于区域分割是一个很困难的问题。同时,路面区域分割方法大多计算量大,难以精确定位车道边界。

2. 基于道路特征的识别方法

基于道路特征的识别方法主要是结合道路图像的一些特征,如颜色、梯度、纹理等,从所获取的图像中识别出道路边界或车道标识线,适用于有明显边界特征的道路。 基于道路特征的车道线检测一般分为以下两个阶段:第一个阶段是特征提取,主要利用图像预处理技术、边缘检测技术提取属于车道线的像素集合,并利用相位技术确定车道线像素的方向;第二个阶段是特征聚合,即把车道线像素聚合为车道线,包括利用车道线宽度恒定的约束进行车道线局部聚合,再利用车道线平滑性约束及平行车道线交于消隐点的约束进行车道线长聚合。

基于道路特征的识别方法的主要特征可以分为灰度特征和彩色特征。基于灰度特征的识别方法是根据汽车前方的序列灰度图像,利用道路边界和车道标识线的灰度特征完成的对道路边界及车道标识线的识别;基于彩色特征的识别方法是利用获取的序列彩色图像,根据道路及车道标识线的特殊彩色特征完成对道路边界和车道标识线的识别。目前应用较多的是基于灰度特征的识别方法。

基于道路特征的识别方法与道路形状无关,鲁棒性较好,但对阴影和水迹较敏感,而且计算量较大。

3. 基于道路模型的识别方法

基于道路模型的识别方法主要是基于不同的道路图像模型(2D或3D),采用不同的检测技术(Hough变换、模板匹配技术、神经网络理论等)识别道路边界或车道线。

在道路平坦的情况下,可以认为道路图像中的车道线在同一个平面上,此时道路模型有直线模型、多项式曲线模型、双曲线模型、样条曲线模型等,其中最常用的是直线模型。为了更准确地描述道路形状,还提出了曲线模型。常用弯道模型有同心圆曲线模型、二次曲线模型、抛物线模型、双曲线模型、直线-抛物线模型、线性双曲线模型、广义曲线模型、回旋曲线模型、样条曲线模型、圆锥曲线模型、分段曲率模型等。

在道路不平坦的情况下,可以利用双目视觉传感器获得立体道路图像,通过建立3D道路图像模型检测车道线。基于2D道路图像模型的识别方法应用简单,且不需要精确地标定或知道汽车的自身参数,但缺点是很难估计位置。基于3D道路图像模型的识别方法主要用于对距离的分析要求不高的没有标识的道路识别,其缺点是模型比较简单、噪声较大时识别精度比较低、模型复杂更新比较困难。

基于道路模型的识别方法检测出的道路较完整,只需较少的参数就可以表示整条道路,所以对阴影、水迹等外界影响有较强的抗干扰性;但在道路类型比较复杂的情况下,很难建立准确的模型,对任意类型道路检测的灵活性不强。

3.1.4 案例1——基于边缘提取和Hough变换的车道线检测

车道线检测仍然以传统方法为主,在精度和速度上都有保证。下面通过边缘提取和Hough变换提取车道线,车道线检测的流程如图3.2所示。

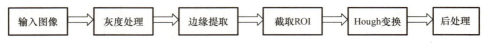

图3.2 车道线检测的流程

(1)灰度处理。通常彩色图像是三通道的,为处理简便,将彩色图像转换为单通道的灰度图像。转换的经验公式为

$$\text{Gray}(x,y) = 0.299 \times \text{Red}(x,y) + 0.587 \times \text{Green}(x,y) + 0.114 \times \text{Blue}(x,y)$$

该公式缘于根据人眼对R、G、B三种颜色的不同感光敏感强度,对不同的颜色给予不同的权重值。灰度处理的结果如图3.3所示。

图3.3 灰度处理的结果

灰度处理可以用OpenCV中的cvtColor()函数实现。

```
# 对img图像进行灰度处理,得到新图像gray
gray= cv2.cvtColor(img,cv2.COLOR_BGR2GRAY)
```

(2)边缘提取。为了突出车道线,对灰度处理后的图像做边缘提取。边缘就是图像中明暗交替较明显的区域。由于车道线通常为白色或黄色,地面通常为灰色或黑色,因此车道线边缘会有很明显的明暗交替。边缘提取的常用方法有Canny算法和Sobel算法,它们计算方式有所不同,但实现的功能是类似的,可以根据实际图像来比较选取。下面以用Canny算法进行边缘提取为例进行讲解。

Canny算法是一种多阶段的算法,主要包含以下三个步骤。①图像降噪。梯度算子可用于增强图像，是通过增强边缘轮廓实现的，即可以检测到边缘。但是，它们受噪声的影响很大。那么，第一步就是去除噪声，因为噪声就是灰度变化很大的地方，所以容易被识别为伪边缘。②用一阶偏导的有限差分计算梯度的幅值和方向。计算图像梯度能够得到图像的边缘，因为梯度是灰度变化明显的地方，而边缘也是灰度变化明显的地方。当然这一步只能得到可能的边缘，因为灰度变化的地方可能是边缘，也可能不是边缘。③对梯度幅值进行非极大值抑制。

边缘提取的结果如图3.4所示，主要代码如下。

```
# Canny 边缘提取
low_threshold= 40
high_threshold= 150
canny_image= cv2.Canny(gray,low_threshold,high_threshold)
```

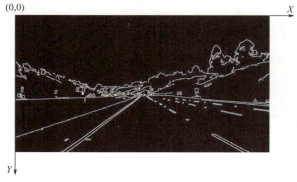

图 3.4　边缘提取的结果

（3）ROI 截取。使用 Canny 算法进行边缘提取获得边缘图像后，边缘图像不仅包括所需的车道线边缘，而且包括不需要的其他车道及周围围栏的边缘，因此需要去除。去除这些边缘的方法是确定一个多边形的可视域，只保留可视域部分的边缘信息。其依据是摄像头相对车是固定的，车相对车道的位置也是基本固定的，所以车道在摄像头中基本保持在一个固定区域内。可以保留边缘图像中的可视域部分，去除无关信息对图像处理的干扰。选择一个三角形区域实现 ROI 截取，如图 3.5 所示。

图 3.5　选择一个三角形区域实现 ROI 截取

输入感兴趣的区域，截取边缘提取后的图像，得出车道线，如图 3.6 所示，主要代码如下。

```
# 图像像素行数 rows= canny_image.shape[0]
# 图像像素列数 cols= canny_image.shape[1]
left_bottom= [0,canny_image.shape[0]]
right_bottom= [canny_image.shape[1],canny_image.shape[0]]
apex= [canny_image.shape[1]/2,310]
vertices= np.array([[left_bottom,right_bottom,apex],np.int32)
roi_image= region_of_interest(canny_image,vertices)
```

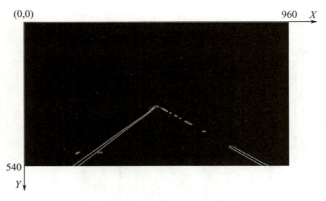

图 3.6　图像截取后的车道线

（4）Hough 变换。Hough 变换是一种特征提取技术，检测具有特定形状的物体（直线、圆、椭圆等）。OpenCV 提供了 Hough 变换检测直线的函数，可以通过设置不同的参数，检测不同长度的线段。由于车道线可能是虚线，因此线段的检测长度不能太大，否则短线段会被忽略。实现 Hough 变换的主要代码如下。

```
rho= 2    # 以 Hough 网格像素为单位的距离分辨率
theta= np.pi/180   # Hough 网格弧度角分辨率
threshold= 15   # 最小投票数(Hough 网格单元中的交叉点)
min_line_length= 40   # 组成一行的最小像素数
max_line_gap= 20   # 可连接线段之间的最大像素间距
# Hough Transform   # 检测线段,线段两个端点的坐标在 lines 中
lines= cv2.HoughLinesP(roi_image,rho,theta,threshold,np.array([]),
min_line_length,max_line_gap)
```

将 Hough 变换提取的车道线合成回原图上，可通过简单的线段绘制实现，结果如图 3.7 所示，主要代码如下。

```
import numpy as np
line_image= np.copy(img)   # 复制一份原图,将线段绘制在该图上
draw_lines(line_image,lines,[255,0,0],6)
```

图 3.7　将 Hough 变换提取的车道线合成回原图上

（5）后处理。由于前面得到的车道线是断续的，因此还需要进行后处理，将左右车道线变得连续。可以通过计算左右车道的直线方程及上下边界，写出后处理函数，得到识别出完整左右车道线的图像，如图 3.8 所示。

图 3.8　识别出完整左右车道线的图像

3.2　车牌/车辆检测识别

在智能网联汽车的行驶过程中，需要时刻识别道路上运动的其他汽车，以保证安全行驶。同时，交通系统需要快速、准确地识别往来汽车的车牌号，以利于打造智能交通。

3.2.1　车牌识别技术

1. 车牌区域特征

不同国家的车牌特征不同。我国车牌具有以下四个可用于识别的特征。

（1）颜色特征。颜色特征是一种全局特征，是基于像素点的特征。现有车牌主要由四种类型组成：小型汽车的蓝底白字车牌、大型汽车的黄底黑字车牌、军警车的白底黑字车牌、国外驻华使馆用车的黑底白字车牌。车牌底色和字符颜色反差较大，由于颜色对图像区域的方向、尺寸等变化不敏感，因此颜色特征不能很好地捕捉图像中车牌的局部特征。

另外，仅使用颜色特征，信息量过大，基本上是灰度信息的三倍，处理时间太长。

（2）**纹理特征**。纹理特征描述了车牌区域的表面性质。车牌内的字符字号统一、水平排列，一部分会因为拍摄的原因存在一定程度的倾斜，字符与背景之间的灰度值对比明显。但由于纹理只是物体表面的特性，并不能完全反映出物体的本质属性，因此仅利用纹理特征是不妥的。与颜色特征不同，纹理特征不是基于像素点的特征，它需要在包含多个像素点的区域中进行统计计算。

在模式识别中，这种区域性的特征具有较强的优越性。作为一种统计特征，纹理特征对噪声有较强的抵抗能力。但是纹理特征也有缺点，如容易受到光照强度、反射情况的影响。

（3）**形状特征**。形状特征通常有以下两种表示方法：一种是轮廓特征，另一种是区域特征。轮廓特征主要针对物体的外边界，而区域特征关系到整个形状区域。由于受到摄像头的安装位置和拍摄角度的限制，因此拍摄的图像中车牌区域往往不是矩形，而是一个平行四边形。因为我国车牌尺寸是统一的，宽度高度比是一定的，即使有所变形也在一定范围内，所以车牌在原始图像中的相对位置比较集中，偏差不会很大。

（4）**灰度跳变特征**。车牌的底色、边缘颜色和车身的颜色各不相同，表现在图像中就是灰度级各不相同，车牌边缘出现灰度突变边界，形成灰度跳变特征。事实上，车牌边缘在灰度上的表现就是一种屋顶状边缘。在车牌区域内部，由于字符本身和牌照底色的灰度是均匀的，因此穿过车牌的水平直线呈连续的峰—谷—峰分布。

2. 车牌识别流程

车牌识别流程如图3.9所示。首先根据图像采集得到的数字图像进行视频车辆检测；然后进行车牌的定位，对车牌区域进行字符分割和字符识别；最后输出结果，显示车牌号和车牌底色。

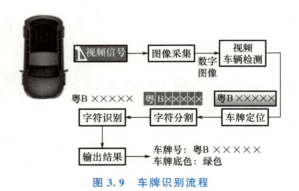

图3.9　车牌识别流程

车牌识别主要有以下三个步骤。

（1）车牌定位。车牌定位包括车牌的粗定位和精确定位，以及从车辆图像中提取出车牌图像的功能。

（2）字符分割。由于车牌中的字符可能出现一定的倾斜，因此要对车牌倾斜进行校正，将车牌中的字符正确地分割成单个字符。

（3）字符识别。对分割出的字符进行归一化处理，识别字符并显示车牌号。

3. 车牌识别方法

车牌识别方法很多，如基于模板匹配的字符识别方法、基于特征统计匹配法、基于边缘检测和水平灰度变化特征的方法、基于颜色相似度及彩色边缘的方法等。

（1）基于模板匹配的字符识别方法。模板匹配方法是一种经典的模式识别方法，是最直接的字符识别方法，其实现方式是计算输入模式与样本之间的相似性，相似性最大样本的类型为输入模式所属类型。这种方法具有较快的识别速度，尤其对二值图像的识别速度很快，可以满足实时性要求。但它对噪声十分敏感，任何有关光照、字符清晰度的变化都会影响识别的准确率，且往往需要使用大量模板或多个模板进行匹配。

（2）基于特征统计匹配法。针对字符图像的特征提取的方法多种多样，有逐像素特征提取法、垂直方向数据统计特征提取法、基于网格的特征提取法、弧度梯度特征提取法等。这种方法对一般噪声不敏感，选取的特征能够反映出图像的局部细节特征，方法相对简单。然而在实际应用中，由于外部原因常常会出现字符模糊、字符倾斜等情况，从而影响识别效果，当字符出现笔画融合、断裂、部分缺失时，此方法更加无能为力。因此，这种方法实际应用效果不理想，抗干扰能力不强。

（3）基于边缘检测和水平灰度变化特征的方法。这种方法使用最多，细分类也多，有用可变矩形模板检测搜索符合条件的车牌矩形区域的方法，有记录灰度水平跳变频度的方法，速度快、漏检率低，但误检率高。

（4）基于颜色相似度及彩色边缘的方法。这种方法一般利用颜色模型转换，结合先验知识进行定位和判断，精度较高；缺点是对图像品质要求高，对偏色、车牌褪色及背景色干扰等情况无能为力，一般不单独使用。

3.2.2 运动车辆检测技术

运动车辆检测是判断安全车距的前提，车辆检测的准确性不仅决定了测距的准确性，而且决定了发现潜在交通事故的及时性。

检测算法用于确定图像序列中是否存在车辆，并获得其基本信息，如尺寸、位置等。摄像机跟随车辆在道路上运动时，获取的道路图像中车辆的尺寸、位置和亮度等是在不断变化的。根据车辆识别的初始结果，对车辆尺寸、位置和亮度的变化进行跟踪。由于车辆检测时需要搜索所有图像，因此算法耗时较长。而跟踪算法可以在一定的时间和空间条件约束下进行目标搜索，还可以借助一些先验知识，因此计算量较小，一般可以满足预警系统的实时性要求。

运动车辆检测

运动车辆检测的主要方法有基于特征的检测方法、基于机器学习的检测方法、基于光流场的检测方法和基于模型的检测方法等。

1. 基于特征的检测方法

基于特征的检测方法是车辆检测最常用的方法之一，又称基于先验知识的检测方法。

前方行驶车辆的颜色、轮廓、对称性等特征都可以用来区别车辆与周围背景。因此，基于特征的检测方法以这些车辆的外形特征为基础，从图像中检测前方行驶车辆。常用基于特征的检测方法有使用阴影特征的方法、使用边缘特征的方法、使用对称特征的方法、使用位置特征的方法和使用车辆尾灯特征的方法等。

（1）使用阴影特征的方法。运动车辆底部的阴影是一个非常明显的特征。通常做法是先使用阴影找到车辆的候选区域，再利用其他特征对候选区域进行下一步验证。

（2）使用边缘特征的方法。运动车辆无论是在水平方向上还是在垂直方向上都有显著的边缘特征，边缘特征通常与符合车辆的几何规则结合起来运用。

（3）使用对称特征的方法。运动车辆在灰度化的图像中表现出较明显的对称特征。一般来说，对称特征分为灰度对称特征和轮廓对称特征。灰度对称特征一般是指统计意义上的对称特征，而轮廓对称特征是指几何规则上的对称特征。

（4）使用位置特征的方法。一般情况下，运动车辆存在于车道区域之内，所以在定位出车道区域的前提下，将检测范围限制在车道区域之内，不但可以减小计算量，而且可以提高检测的准确率。在车道区域内检测到不属于车道的物体一般是车辆或者障碍物，对驾驶人来说都是需要注意的目标物体。

（5）使用车辆尾灯特征的方法。在夜间行驶场景中，运动车辆的尾灯是区别车辆与背景的显著且稳定的特征。夜间车辆尾灯在图像中呈现的是高亮度、高对称性的红白色车灯对，利用空间及几何规则能够判断前方是否存在车辆及其位置。

因为周围环境的干扰和光照条件多样，如果仅使用一个特征检测车辆，则难以达到良好的稳定性和准确性。所以如果想获得较好的检测效果，则需要使用结合多个特征的方法。

2. 基于机器学习的检测方法

运动车辆检测其实是对图像中车辆区域与非车辆区域的定位与判断。基于机器学习的检测方法一般需要首先从正样本集和负样本集中提取目标特征，然后训练识别车辆区域与非车辆区域的决策边界，最后使用分类器判断目标。通常检测过程是首先对原始图像进行不同比例的缩放，得到一系列缩放图像，然后在这些缩放图像中全局搜索所有与训练样本尺度相同的区域，接着由分类器判断这些区域是否为目标区域，最后确定目标区域并获取目标区域的信息。

基于机器学习的检测方法无法预先定位车辆可能存在的区域，只能对图像进行全局搜索，检测过程计算复杂度高，无法保证检测的实时性。

3. 基于光流场的检测方法

光流场是指图像中所有像素点构成的一种二维瞬时速度场，其中二维速度矢量是景物中可见点的三维速度矢量在成像表面的投影。通常光流场是由摄像机、运动目标或两者在同时运动的过程中产生的。在存在独立运动目标的场景中，分析光流可以检测目标数量、目标运动速度、目标相对距离及目标表面结构等。

光流分析的常用方法有特征光流法和连续光流法。**特征光流法是在求解特征点处的光流时，利用图像角点和边缘等进行特征匹配**。特征光流法的主要优点如下：能够处理帧间位移较大的目标，对帧间运动限制很小；降低了对噪声的敏感性；所用特征点较少，计算量较小。其主要缺点如下：难以从得到的稀疏光流场中提取运动目标的精确形状；不能很好地解决特征匹配问题。连续光流法大多采用基于帧间图像强度守恒的梯度算法，其中最经典的算法是 LK 算法和 HS 算法。

运动场景下目标识别时光流场的效果较好，但是存在计算量较大、对噪声敏感等缺点。在识别运动车辆尤其是当车辆距离较远时，目标车辆在两帧之间的位移非常小，有时仅移动一个像素,此时不能使用连续光流法。另外,车辆在道路上运动时,车与车之间的相对运动较小,而车与背景之间的相对运动较大,导致图像中的光流包含较多背景光流,而目标车辆光流较少,因此特征光流法也不适用于运动车辆识别。由于超越车辆与摄像机之间的相对运动速度较大,因此在识别从旁边超越的车辆时采用基于光流场的检测方法效果较好。

4. 基于模型的检测方法

基于模型的检测方法根据运动车辆的参数建立二维模型或三维模型,再利用指定的搜索算法来匹配查找运动车辆。这种方法对建立的模型依赖度高,但是车辆外部形状各异,难以通过仅建立一种或者少数几种模型有效检测车辆,如果为每种车辆外形都建立精确的模型,则将大幅增大检测计算量。

3.2.3 案例2——基于边缘检测和灰度变化特征的车牌识别

车牌识别在现代交通系统中的运用越来越广泛,选择基于边缘检测和灰度变化特征识别车牌是目前使用最多、最方便的方法。整个识别流程参考图3.9可以大致分为车辆图像获取、车牌定位、车牌字符分割和车牌字符识别。

(1) 车辆图像获取。车辆图像获取十分简单,利用摄像头即可完成。对于获取到的图像,先进行灰度处理,把三通道RGB颜色的图像转换成单通道灰度图,为接下来的图像处理做准备,因为处理三通道的图像比较复杂。图3.10所示为灰度处理后的图像。

车牌识别

图 3.10　灰度处理后的图像

(2) 车牌定位。车牌定位的主要工作是从摄入的车辆图像中找到车牌位置,并把车牌从该区域中准确地分割出来,供字符分割使用。因此,车牌定位是影响系统性能的重要因素之一,直接影响车牌字符分割和车牌字符识别的准确率。

边缘检测是计算机视觉里的一种常见手段,用于标识数字图像中亮度变化明显的点,即定位出获取的图像上的车牌。Canny算子边缘检测的算子方向性质保证了很好的边缘强度估计,而且能同时产生边缘梯度方向和强度两方面信息,既能在一定程度上抗噪声又能保持弱边缘,因此多用以Canny算子做边缘检测。Canny算子边缘检测结果如图3.11所示。

图 3.11　Canny 算子边缘检测结果

边缘检测结束后，需要进行膨胀与腐蚀处理。通过膨胀连接相近的图像区域，通过腐蚀去除孤立细小的色块，以将所有车牌字符连通起来，为接下来通过轮廓识别选取车牌区域做准备。由于字符都是横向排列的，因此要连通这些字符只需进行横向膨胀即可。形态学处理后的效果如图 3.12 所示，标出了车牌及车标。

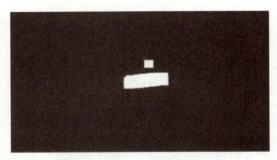

图 3.12　形态学处理后的效果

形态学处理完成后，需要提取车牌矩形区域轮廓，这样才能真正完成车牌定位。这一步直接决定了识别结果。车牌矩形区域轮廓提取的结果如图 3.13 所示。

图 3.13　车牌矩形区域轮廓提取的结果

车牌矩形区域轮廓提取完成后，利用计算机视觉中常用的自适应二值化处理去掉多余信息，只留下车牌信息，如图 3.14 所示。

图 3.14　二值化处理的结果

（3）车牌字符分割。车牌字符分割的任务是把多列或多行字符图像中的每个字符从整个图像中切割出来，成为单个字符。使用水平映射像素和垂直映射像素进行像素级分割。

首先判断像素值。如果每列像素值大于 0 的像素超过 5 个，则认为此列是有数字的；然后确认字符位置；最后分割字符。

字符分割结果如图 3.15 所示。

图 3.15　字符分割结果

（4）车牌字符识别。车牌字符识别就是识别分割出来的每个字符，从而得出车牌号。车牌字符识别已经很成熟，在日常生活中经常用 OCR 光学字符识别技术识别 PDF 文件，并将其转换为文字，甚至能直接把手写的字符转换为文字。

3.3　行人识别技术

行人识别技术是智能网联汽车 ADAS 的重要组成部分。行人是道路交通的主体和主要参与者，由于行人的行为具有非常大的随意性，再加上驾驶人在车内视野变窄及长时间驾驶导致的视觉疲劳，因此行人在交通事故中很容易受到伤害。

行人识别技术能够及时准确地检测出车辆前方的行人，并根据不同危险级别提供不同预警提示（如距离车辆越近的行人危险级别越高，提示音也越急促），以保证驾驶人有足够的反应时间，能够极大地减少甚至避免撞人事故的发生。

行人识别

3.3.1　行人识别特征

提取行人识别特征就是利用数学方法和图像处理技术从原始的灰度图像或者彩色图像中提取表征人体信息的特征，它伴随着分类器训练和识别的全过程，直接关系到行人识别系统的性能，因此提取行人识别特征是行人识别的关键技术。在实际环境中，由于行人自身存在姿态不同、服饰各异和背景复杂等情况，因此提取行人特征比较困难，需要选取的行人特征鲁棒性比较好。**目前行人识别特征主要有 HOG 特征、Haar 小波特征、Edgeley 特征和颜色特征等。**

1．HOG 特征

HOG 特征的主要思想是用局部梯度值和梯度方向的分布来描述对象的局部外观和外形，不需要知道梯度和边缘的确切位置。

梯度方向直方图描述符一般有三种形式，如图 3.16 所示，都是基于密集型的网格单元，用图像梯度方向的信息代表局部的形状信息。图 3.16（a）所示为矩形梯度直方图描述符（R-HOG）；图 3.16（b）所示为圆形梯度方向直方图描述符（C-HOG）；图 3.16（c）所示为单个中心单元的 C-HOG。

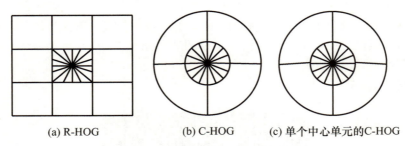

(a) R-HOG   (b) C-HOG   (c) 单个中心单元的C-HOG

图 3.16 梯度方向直方图描述符

2. Haar 小波特征

Haar 小波特征反应图像局部的灰度值变化，是黑色矩形与白色矩形在图像子窗口中对应区域灰度级总和的差值。Haar 小波特征计算方便且能充分描述目标特征，常与 Adaboost 级联分类器结合来识别行人目标。

常用 Haar 小波特征有线性特征、边缘特征、圆心特征和特定方向特征，如图 3.17 所示。

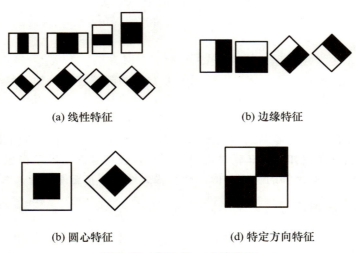

(a) 线性特征   (b) 边缘特征

(b) 圆心特征   (d) 特定方向特征

图 3.17 常用 Haar 小波特征

可以看出，Haar 小波特征都是由 2~4 个白色矩形框和黑色矩形框构成的。由该特征定义可知，每种特征都是计算黑色填充区域的像素值之和与白色填充区域的像素值之和的差值，该差值就是 Haar 小波特征的特征值。实验表明，可以从很小的图像中提取大量 Haar 小波特征，从而给算法带来了巨大的计算量，严重降低了检测 Haar 特征和分类器的训练速度。为了解决该问题，可以在特征提取中引入积分图概念，并应用到实际对象检测框架中。

3. Edgeley 特征

Edgeley 特征描述的是人体的局部轮廓特征，该特征不需要人工标注，从而避免重复计算相似的模板，降低了计算的复杂度。由于是对局部特征的检测，因此 Edgeley 特征能较好地处理行人之间的遮挡问题,对复杂环境多个行人相互遮挡的检测效果明显优于其他特征。人体部位的定义如图 3.18 所示。

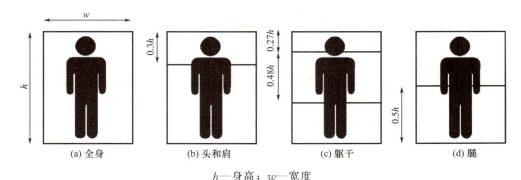

图 3.18 人体部位的定义

每个 Edgeley 特征就是一条由边缘点组成且包含一定形状与位置信息的小边,主要有直线型、弧形和对称型三种形式的 Edgeley 特征。该方法是通过 Adaboost 算法筛选出一组能力强的 Edgeley 特征进行学习训练,识别行人的各部位,如头、肩、躯干和腿,再分析各局部特征之间的关系来检测整体的行人。

4. 颜色特征

就几何特征而言,颜色特征具有较强的鲁棒性,图像中子对象的方向和大小的改变对它影响不大,颜色给人以直观的视觉冲击,是最稳定、最可靠的视觉特征。颜色特征经常描述跟踪对象来实现目标的跟踪。

颜色特征提取与颜色空间和颜色直方图有关。颜色空间包括 RGB、HSV 和 HIS 等。颜色直方图表示整幅图像中不同颜色所占的比例,并不关心每种颜色所处的空间位置,即无法描述图像中的对象。在运动目标的检测与跟踪中,颜色直方图有独特的优点,即物体形变对其影响较小。由于颜色直方图不表示物体的空间位置,仅表示颜色,跟踪目标的颜色不变,形体发生变化不会影响颜色直方图的分布,因此将颜色直方图作为特征跟踪行人能很好地改善行人动作随意和形变较大的缺点。

上述四种特征各有优缺点,概括如下。

(1) HOG 特征是最经典的行人特征,具有良好的光照不变性和尺度不变性,能较好地描述行人的特征,对环境适应性较强;但它也有缺点,如特征维数较高和计算量大,难以保证实时性。

(2) Haar 小波特征容易理解,计算简单,特别是引入积分图概念后,计算速度提高,实时性强,在行人稀疏且遮挡不严重的环境下检测效果较好;但是它对光照和环境遮挡等因素敏感,适应性差,不适合复杂易变的行人场景。

(3) Edgeley 特征表征的是人体局部轮廓特征,可以处理一定遮挡情况下的行人检测;但要匹配图像中所有形状相似的边缘,需要耗费大量时间搜索,不能达到实时要求。

(4) 颜色特征具有较强的鲁棒性,图像中子对象的方向和大小的改变对它影响不大,颜色给人以直观的视觉冲击,是最稳定、最可靠的视觉特征,常应用于行人跟踪领域;但容易受到背景环境的影响。

3.3.2 行人识别方法

行人识别方法主要有基于特征分类的行人识别方法、基于模型的行人识别方法、基于运动特性的行人识别方法、基于形状模型的行人识别方法、基于模板匹配的行人识别方法和神经网络方法等。

（1）基于特征分类的行人识别方法。该方法注重提取行人特征，再通过特征匹配来识别行人目标，是目前较主流的行人识别方法，主要有基于 HOG 特征的行人识别方法、基于 Haar 小波特征的行人识别方法、基于 Edgeley 特征的行人识别方法、基于形状轮廓模板特征的行人识别方法、基于部件特征的行人识别方法等。

（2）基于模型的行人识别方法。该方法是通过建立背景模型识别行人，常用的有混合高斯法、核密度估计法和 CodeBook 法。

（3）基于运动特性的行人识别方法。该方法利用人体运动的周期性来确定图像中的行人，主要识别运动的行人，不适合识别静止的行人，比较典型的有背景差分法、帧间差分法和光流法。

（4）基于形状模型的行人识别方法。该方法主要依靠行人的形状特征来识别行人，避免了由背景变化和摄像机运动带来的影响，适合识别运动和静止的行人。

（5）基于模板匹配的行人识别方法。该方法主要基于小波模板概念，按照图像中小波相关系数子集定义目标形状的小波模板。系统首先对图像中每个特定大小的窗口及该窗口进行一定范围的比例缩放得到的窗口进行 Haar 小波变换，然后利用支持向量机（Support Vector Machine，SVM）检测变换的结果是否可以与小波模板匹配，如果匹配成功，则认为检测到一个行人。

（6）神经网络方法。神经网络方法在行人识别技术中的主要应用是分类识别利用视觉信息探测到的可能含有行人区域。首先利用立体视觉系统进行目标区域分割，然后合并和分离子目标候选图像满足行人尺寸及形状约束的子图像，最后将所有探测到的可能含有行人目标的方框区域输入神经网络进行行人识别。

3.3.3 案例3——基于特征提取和机器学习的行人识别

行人识别技术利用安装在汽车前方的视觉传感器（摄像头）采集前方场景的图像信息，通过一系列复杂的算法分析处理这些图像信息实现对行人的检测。根据所采用摄像头的不同，基于视觉的行人识别方法可分为可见光行人检测和红外行人检测。下面以可见光行人检测为例进行分析，利用手工设计的 HOG 特征提取算子和机器学习分类器——SVM 实现。

基于机器学习的方法是目前行人识别算法的主流，与深度学习神经网络方法相比，它在保持较高速度的同时，精度也很高。对于一般的目标检测任务，传统机器学习中分类任务的步骤通常为特征提取和特征分类。对于一幅图像，首先提取它的特征并将这些特征输入训练好的分类器中，然后分类器根据这些特征作出预测，判断出图片中的目标是行人还是非行人，如图 3.19 所示。

特征提取利用手工设计的 HOG 算子，与车辆检测常用的 Haar 小波特征相比，它对行人的复杂形状、外观信息描述更加强大。它首先对固定尺寸的图像计算梯度；然后进行网格划分，计算每个点处的梯度朝向和强度；接着形成网格内所有像素的梯度方向分布直

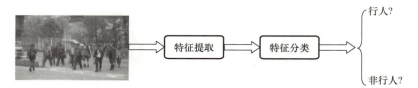

图 3.19 机器学习中分类任务的步骤

方图；最后汇总起来，形成整个直方图特征。

特征提取可以在 OpenCV 中实现。图 3.20 所示是提取出某行人的 HOG 特征。

图 3.20 提取出某行人的 HOG 特征

在得到候选区域的 HOG 特征后，需要用分类器对该区域进行分类，以确定是行人还是背景。这里选择利用 SVM 实现分类。SVM 在深度学习出现之前是常用分类器，它同时考虑了经验风险和结构风险最小化，具有很好的稳定性。我们采用线性 SVM，因为其计算量与支持向量的数量成正比。

整个特征提取和特征分类过程均可以在 OpenCV 中完成，OpenCV 有封装好的 HOG 和 SVM 供使用，主要代码如下。

```
# 引入所需库
from imutils.object_detection import non_max_suppression
from imutils import paths
import numpy as np
import argparse
import imutils
import cv2
# 初始化行人检测器
# 初始化方向梯度直方图描述子
hog = cv2.HOGDescriptor()
# 设置 SVM,使其成为一个预先训练好的行人检测器
hog.setSVMDetector(cv2.HOGDescriptor_getDefaultPeopleDetector())
# 检测图片上的行人
(rects, weights) = hog.detectMultiScale(image, winStride=(4,4), padding=(8,8),
scale=1.05)
```

最后得到输入图像的行人识别结果，如图 3.21 所示。

后来人们不满足于 SVM 的速度，对分类器进行了改造，把 Adaboost 级联分类器引入行人识别，取代 SVM，即使用 HOG＋Adaboost 的机器学习方法。再后来，人们对特征

图 3.21 行人识别结果

提取算子进行了改良,提出用积分通道特征(Integral Channel Features,ICF)取代 HOG,有效利用了目标的表现信息,从而改善了 HOG 对遮挡行人识别率不高的问题,即使用 ICF+Adaboost 的机器学习方法。

3.4 交通信号灯/交通标志检测识别

在汽车行驶过程中,除了避开周围车辆及行人外,还必须时刻遵守交通法规,因此智能网联汽车对交通信号灯和交通标志的识别格外重要。

3.4.1 交通信号灯/交通标志介绍

1. 交通信号灯介绍

不同国家和地区采用的交通信号灯式样各不相同,我国交通信号灯的设置必须遵循 GB 14887—2011《道路交通信号灯》和 GB 14886—2016《道路交通信号灯设置与安装规范》。

从颜色来看,交通信号灯有红色、黄色、绿色三种颜色,而且这三种颜色在交通信号灯中出现的位置有一定的顺序。交通信号灯的特征如图 3.22 所示。

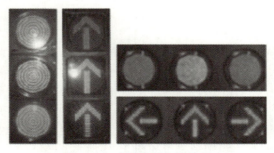

图 3.22 交通信号灯的特征

从功能来看,交通信号灯有机动车信号灯、非机动车信号灯、左转非机动车信号灯、人行横道信号灯、车道信号灯、方向指示信号灯、闪光警告信号灯、道口信号灯、掉头信号灯等。其中机动车信号灯、闪光警告信号灯、道口信号灯的光信号无图案;非机动车信号灯、左转非机动车信号灯、人行横道信号灯、车道信号灯、方向指示信号灯、掉头信号灯的光信号有图案。

从安装方式来看,交通信号灯的安装方式有横放安装和竖放安装两种,一般安装在道路上方。

机动车信号灯由红色、黄色、绿色三个几何位置分立单元组成一组,指导机动车通行。非机动车信号灯由红色、黄色、绿色三个几何位置分立的内有自行车图案的圆形单元组成一组,指导非机动车通行。人行横道信号灯由几何位置分立的内有红色和绿色行人站立图案的单元组成一组,指导行人通行。机动车信号灯用于指导某个方向的机动车通行,箭头方向向左、向上和向右分别代表左转、直行和右转,绿色箭头表示允许车辆沿箭头所指的方向通行。

2. 交通标志介绍

交通标志作为重要的道路交通安全附属设施,可向驾驶人提供各种引导信息和约束信息。驾驶人实时、正确地获取交通标志信息,可保障行车安全。

鉴于地区和文化差异,世界各国执行的交通标志标准有所不同。目前我国道路交通标志执行的标准是 GB 5768.2—2009《道路交通标志和标线 第 2 部分:道路交通标志》。由该标准可知,我国交通标志分为主标志和辅助标志两大类,主标志又可以分为警告标志、禁令标志、指示标志、指路标志、旅游区标志、作业区标志、告示标志七种,其中警告标志、禁令标志和指示标志是最重要也是最常见的交通标志,直接关系到道路交通的通畅与安全,更与智能网联汽车的行车路径规划直接相关。为引起行人和驾驶人的注意,交通标志都具有鲜明的颜色特征。我国警告标志、禁令标志和指示标志共有 131 种,这些交通标志由五种主要颜色(红色、黄色、蓝色、黑色和白色)组成。交通标志的主要特征如图 3.23 所示。

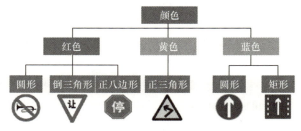

图 3.23 交通标志的主要特征

(1)警告标志。警告标志主要用来警告驾驶人、行人前方有危险,道路使用者需谨慎通行。警告标志有明显的颜色特征,即黄色的底、黑色的边缘、黑色的内部图形,其形状大多是顶角朝上的正三角形。

(2)禁令标志。禁令标志主要用来禁止或限制车辆、行人的交通行为及其解除,道路使用者应严格遵守。禁令标志有明显的颜色特征,即白色的底、红色的边缘、红色的斜杠、黑色的内部图形,而且黑色图形在红色斜杠之上(解除速度限制和解除禁止超车除外)。禁令标志大多是圆形,其中特殊的是正八边形和倒三角形,这两者都只有一个。

（3）指示标志。指示标志主要用来指示车辆、行人的行进。指示标志有明显的颜色特征，即蓝色的底、白色的内部图形，其形状多为圆形、矩形。

由 GB/T 16311—2009《道路交通标线质量要求和检测方法》对交通标志的规定可知交通标志的规格、制作材料、表面颜色、形状及安装位置等信息，比如圆形交通标志的外径有 60cm、80cm 和 100cm 三种规格，交通标志表面采用反光材料，一般安装在道路的右侧或者道路上方的悬臂或桥梁上，有固定高度。同时，交通标志的颜色与形状之间也有着一定的关系，警告标志以三角形为主；禁令标志以红色为主，形状有倒三角形、正八边形和圆形；指示标志以蓝色为主，有圆形和矩形。在交通标志的检测与识别过程中，应该充分利用这些颜色信息和形状信息，以及颜色与形状信息间的对应关系。

由于交通标志具有鲜明的色彩特征，因此要实现对交通标志图像的有效分割，颜色是重要信息之一，选择合适的颜色空间进行分析和提取，有利于提高系统识别的实时性和准确性。

3.4.2　交通信号灯/交通标志识别系统

1. 交通信号灯识别系统

交通信号灯识别系统包括检测和识别两个基本环节：首先定位交通信号灯，通过摄像机从复杂的城市道路交通环境中获取图像，根据交通信号灯的颜色、几何特征等信息准确定位，获取候选区域；然后识别交通信号灯，检测算法中已经获取交通信号灯的候选区域，通过分析及特征提取，运用分类算法实现分类识别。

交通信号灯识别系统主要由图像采集模块、图像预处理模块、检测模块、识别模块、跟踪模块和通信模块等组成，如图 3.24 所示。

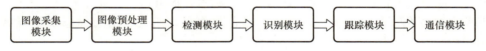

图 3.24　交通信号灯识别系统的组成

（1）图像采集模块。摄像机成像质量影响后续识别和跟踪的效果，一般采用彩色摄像机，其中镜头焦距、曝光时间、增益、白平衡等参数对摄像机成像效果和后续处理有重要影响。

（2）图像预处理模块。图像预处理模块包括彩色空间的选择和转换、彩色空间各分量的统计分析、基于统计分析的彩色图像分割、噪声去除、基于区域生长聚类的区域标记，图像预处理后得到交通信号灯的候选区域。

（3）检测模块。检测模块包括离线训练和在线检测两部分。离线训练通过交通信号灯的样本和背景样本的统计学习得到分类器，利用得到的分类器完成交通信号灯的检测。

（4）识别模块。通过检测模块在图像中的检测定位，结合图像预处理得出的信号灯色彩结果、交通信号灯发光单元面积和位置先验知识完成交通信号灯的识别。

（5）跟踪模块。从识别模块得到的结果中可以得到跟踪目标，利用基于彩色的跟踪算法跟踪目标，有效提高目标识别的实时性和稳定性。运动目标跟踪方法有四类，分别是基于区域的跟踪方法、基于特征的跟踪方法、基于主动轮廓线的跟踪方法和基于模型的跟踪方法。

(6)通信模块。通信模块是联系环境感知模块、规划决策模块与车辆底层控制模块的桥梁,通过制定的通信协议完成各系统的通信,实现信息共享。

2. 交通标志识别系统

在智能网联汽车中,交通标志的检测是通过图像识别系统实现的。交通标志识别系统如图 3.25 所示,首先使用车载摄像机获取目标图像,然后进行图像分割和特征提取,通过与交通标志标准特征库比较识别交通标志,识别结果可以与其他智能网联汽车共享。

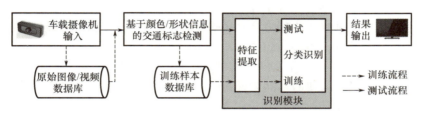

图 3.25 交通标志识别系统

3.4.3 交通信号灯/交通标志的识别方法

1. 交通信号灯的识别方法

交通信号灯的识别方法主要有基于颜色特征的识别方法和基于形状特征的识别方法。

(1)基于颜色特征的识别方法。该方法主要选取某个色彩空间对交通信号灯的红色、黄色、绿色进行描述。依据色彩空间的不同,主要有基于 RGB 颜色空间的识别方法、基于 HSI 颜色空间的识别方法、基于 HSV 颜色空间的识别方法。

(2)基于形状特征的识别方法。该方法主要利用的是交通信号灯及其相关支撑物之间的几何信息,主要优势在于交通信号灯的形状信息一般不会受到光学变化和天气变化的影响。

也可以将交通信号灯的颜色特征和形状特征结合起来。图 3.26 所示为无人驾驶汽车自动识别交通信号灯通过十字路口的场景。

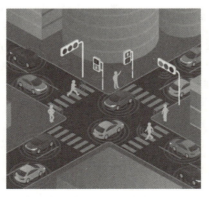

交通信号灯识别

图 3.26 无人驾驶汽车自动识别交通信号灯通过十字路口的场景

2. 交通标志的识别方法

交通标志的识别方法主要有基于颜色信息的交通标志识别方法、基于形状特征的交通标志识别方法、基于显著性的交通标志识别方法、基于特征提取和机器学习的交通标志识别方法、基于深度学习的交通标志识别方法等。

(1) 基于颜色信息的交通标志识别方法

颜色分割就是利用交通标志特有的颜色特征，将交通标志与背景分离。颜色特征具有旋转不变性，即颜色信息不会随着图像的旋转、倾斜而发生变化。与几何、纹理等特征相比，基于颜色信息的交通标志识别方法在图像旋转、倾斜的情况下有较好的鲁棒性。

(2) 基于形状特征的交通标志识别方法

除颜色外，形状也是交通标志的显著特征。我国警告标志、指示标志、禁令标志共131种，其中130种都有规则的形状，即圆形、矩形、正三角形、倒三角形、正八边形。颜色检测和形状检测是交通标志识别中的重要内容，检测方法通常以颜色分割做粗检测，排除大部分背景干扰，然后提取二值图像各连通域的轮廓，分析形状特征，进而确定交通标志候选区域，完成定位。

(3) 基于显著性的交通标志识别方法

显著性作为从人类生物视觉中引入的概念，用来度量场景中最显眼的特征、最容易吸引人优先看到的区域。由于交通标志被设计成显眼的颜色和特定的形状，在一定程度上满足显著性的要求，因此可以采用显著性模型来识别交通标志。

(4) 基于特征提取和机器学习的交通标志识别方法

基于特征提取和机器学习的交通标志识别一般使用滑动窗口的方式或者使用之前处理得到的感兴趣块进行验证的方式。前者对全图或者交通标志可能出现的感兴趣区域进行操作，以多尺度的窗口滑动扫描目标区域，对得到的每个窗口，用训练好的分类器判断其是否是标志。后者则认为经过之前的处理（如颜色、形状分析等），得到的感兴趣块已经是一整个标志或者干扰物，只需对整体进行分类即可。

(5) 基于深度学习的交通标志识别方法

神经网络与深度学习是目标检测中最常用的方法。把图像输入多层堆叠形成的神经网络中，即可输出每个图像上的交通标志的类别，从而完成识别。

3.4.4 案例 4——基于 YOLOv3 的交通标志识别

深度学习在计算机视觉和目标检测中较流行，与机器学习方法相比，使用深度学习方法时不需要手工设计特征算子，通过神经网络自动提取特征，泛化性更好。

在目标检测领域，深度学习方法分为两大类：一类是以 RCNN 系列为代表的两阶段目标检测，另一类是以 YOLO 和 SSD 为代表的单阶段目标检测。两阶段目标检测首先利用 RPN 网络生成感兴趣区域，然后对该区域进行类别的分类与位置的回归；单阶段目标检测直接利用回归思想完成端到端的检测，速度比两阶段快很多。综合考虑速度和精度，YOLOv3 是如今工业化领域里应用非常多的方法，下面选用单阶段目标检测算法 YOLO 系列中的 YOLOv3 作为方案来实现交通标志识别，并在 PyTorch 框架下进行编程。YOLOv3 算法框架如图 3.27 所示。

交通标志识别

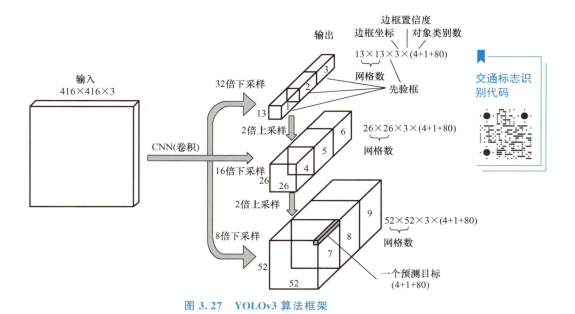

图 3.27　YOLOv3 算法框架

首先，既然是深度学习，就需要海量样本供网络学习。准备好训练样本，采用中国交通标志检测数据集。

然后，作为监督学习的一种，深度学习同样需要样本标签指导。因为 YOLOv3 网络分别进行了 32 倍、16 倍和 8 倍下采样，输出了 13×13、26×26、52×52 三个特征图，所以标签也要做三份。

接着，需要对网络模型进行训练。训练方法是反向传播法，以获得最小损失函数为目标。YOLOv3 的网络有三个损失值：sum_loss＝loss_13＋loss_26＋loss_52。

最后，对模型进行测试。需要设定一个阈值，并选择重叠度大于阈值的返回框和分类，返回框包括三个尺度、三个形状的九个建议框各自的返回框，之后对每个分类的返回框做非极大值抑制，以去掉多余框。

交通标志识别结果如图 3.28 所示。可见，利用深度学习方法能很好地识别出交通标志。

图 3.28　交通标志识别结果

3.5 障碍物检测识别

汽车行驶道路上的障碍物检测是智能汽车周边环境感知技术研究领域中的重要组成部分。

3.5.1 障碍物检测方法

根据传感器的不同，智能汽车障碍物检测方法主要有基于相机视觉的障碍物检测、基于雷达传感器的障碍物检测和基于多信息融合的障碍物检测三类。

1. 基于相机视觉的障碍物检测

人们在驾驶过程中接收的信息大多来自视觉，如交通标志、道路标志、交通信号等，这些视觉信息成为驾驶人控制汽车的主要决策依据。与其他传感器相比，视觉传感器安装使用简单、获取的图像信息量大、投入成本低、作用范围广，近些年得益于数字图像处理技术的快速发展和计算机硬件性能的提高。

（1）单目视觉方法。

单目视觉是指仅用一个摄像头完成相应工作。基于单目视觉的障碍物检测研究时间长，算法成熟度高，即使获取的信息是二维图像，运距检测精度下降，也能通过算法弥补不足，提高检测效果，达到检测要求。基于单目视觉的障碍物检测是智能汽车机器视觉研究和应用的主流。通常障碍物目标被确认后，不会立刻消失，其在序列图像中是连续存在的，即目标位置有一定的连续性，特征有一定的相关性。采用递归模板匹配法跟踪障碍物，可以进一步提高障碍物检测的实时性。

传统的基于单目视觉的障碍物检测有不可忽视的缺点，如纹理特征算法对类似纹理的噪声干扰敏感，检测速度急剧下降。在低分辨率、多汽车等复杂环境下，利用深度学习图像识别技术，常用基于 Faster R-CNN 的障碍物检测方法。通过深度学习框架构建快速化区域卷积神经网络，随机选取数据集的 20% 生成测试集，剩余数据集的 80% 生成训练集，20% 生成验证集，从而代入网络完成训练、验证和预测工作。实验结果显示，该方法检测准确率达到 99%，有效地解决了光照、图像质量低等因素对检测的影响，提高了检测的效率和精确度，证明了机器学习在障碍物检测方面的合理性。

（2）双目立体视觉方法。

双目立体视觉的基本原理是利用两台参数性能相同、位置固定的摄像机，从两个视点观察同一个景物，以获得在不同视角下的两幅图像，通过成像几何原理计算图像像素间的位置偏差（视差），从而确定三维空间点的深度信息。该过程与人类视觉的立体感知过程相似。很多智能汽车采用双目立体视觉方法作为障碍物的主要检测方法，但该方法十分复杂。

在结构化环境的障碍物检测中，采用逆透视投影变换来检测障碍物，视差并没有直接用来检测障碍物，而是对左、右两幅图像进行逆透视变换，这样地面上的点在变换后的图像里没有视差，而由于障碍物高出地面，会在变换后的两幅图像里存在较大差异，因此只要简单地对两幅逆透视后的图像求相关，值很小的部位就对应障碍物。这种方法尤其适合纹理较少的图像（如路面面积较大），它的优点在于不需要在一个区域里用复杂的方法来查找点点匹配,而只需要看逆透视变换后的图像里相同位置的像素点的相关值,从而大大减小了处理的数据量,提高了检测系统的实时性。

2. 基于雷达传感的障碍物检测

与视觉检测法相比,雷达在获取障碍物位置、速度、距离信息方面有明显的优势,拥有很好的实时性。基于雷达传感的障碍物检测方法很多,如基于卡尔曼滤波的毫米波雷达障碍物检测、基于栅格地图的三维激光雷达障碍物检测、基于聚类分析的激光雷达障碍物检测等方法。然而,雷达检测无法对障碍物进行合理分类,并且没有障碍物的颜色信息。

(1) 毫米波雷达障碍物检测。

毫米波雷达是工作在毫米波波段的传感器,具有体积小、质量轻和空间分辨率高等特点。与激光雷达相比,毫米波雷达对雾、烟、灰尘的穿透能力强,受恶劣天气影响小,具有全天候、全天时正常工作的特点,但分辨力和检测精度较低。利用毫米波雷达良好的实时性和测距能力,汽车防撞是毫米波雷达在智能汽车辅助驾驶系统的典型应用。但毫米波雷达有局限性,还不能用于远距离的小障碍物检测。

(2) 激光雷达障碍物检测。

激光雷达具有检测精度高、分辨力强、实时性好等优点,但对雾、烟、灰尘等的穿透能力有限,易受雨、雪、雾等极端天气影响。根据扫描方式的不同,激光雷达分为一维激光雷达、二维激光雷达和三维激光雷达,为了便于对空间建模,智能汽车的障碍物检测使用二维激光雷达和三维激光雷达。激光雷达靠一个旋转的反射镜将激光发射出去,并通过测量发射光和物体表面的反射光之间的时间差来测距。二维激光雷达在平面上扫描,用于检测汽车周边部分障碍物,常与其他传感器配合,重点解决盲区问题。三维激光雷达在智能汽车中应用较多,它由多个单线激光组成,可以在除了雨、雪、雾等极端天气以外的环境下使用,检测距离较远,检测角度较大,与二维激光雷达相比,能够更全面地获取空间三维信息。因此为了获得更广的检测范围、实现更优的检测效果,一般在智能汽车的顶部安装三维激光雷达。

激光雷达和视觉相机融合的障碍物检测

(3) 超声波雷达障碍物检测。

目前多采用超声波雷达进行障碍物检测。超声波雷达测距与激光雷达测距原理类似,超声波雷达通过计算从发射器发射到碰到障碍物反射回接收器的时间来测距。其数据易处理,测距过程易实现,但由于超声波属于机械波,因此超声波雷达具有探测速度慢且易在传播过程中发散和损失能量的特性,故远距离难以分辨或得到准确信息。在环境感知中超声波雷达主要用于近距离障碍物检测或对精度要求较低的感知场景,如探测倒车距离。

出于对性能、价格的综合考虑,智能汽车障碍物检测主要使用激光雷达和毫米波雷达。

3. 基于多信息融合的障碍物检测

多信息融合是将多个同类或不同类的传感器信息进行综合处理和优化,从而表达环境或特征。对于非结构化的环境,障碍物种类多,环境因素复杂,需要障碍物检测系统具有更高的精确性、更远的检测距离、更好的实时性和更强的环境适应能力。单一的传感器检测技术虽各有优点,但存在局限性,随着多传感器融合技术的出现和应用,将两种或两种以上单传感器检测技术结合运用已经成为障碍物检测的趋势。例如,将相机视觉技术与激光雷达技术结合,一方面能通过激光雷达弥补视觉相机检测距离短的问题,另一方面能通过相机弥补二维激光雷达检测视角小的缺点，能有效地提高系统的鲁棒性和准确性，同时避免使用三维激光雷达的高成本问题；将相机视觉技术与毫米波雷达技术结合，利用单目相机获得的图像确定障碍物的尺寸和大致范围，并通过毫米波雷达确定障碍物的距离，这种融合方法一方面进一步降低了系统的成本，另一方面解决了单独使用毫米波雷达时方向性差及单独使用双目相机时立体匹配过程耗时长的问题，提升了系统的实时性。

多信息具有多样性和复杂性，多信息融合的基本要求是具有鲁棒性和并行处理能力，此外，还有速度、精度、协调性等要求。由于实现多信息融合的难点在于融合算法，因此重点是选择合适的传感器和相应的融合算法。

3.5.2　案例 5——基于毫米波雷达和视觉相机融合的障碍物检测

下面以应用较多的毫米波雷达和视觉相机融合为例分析检测过程。毫米波雷达能够全天时、全天候稳定工作并提取目标的深度信息，但数据形式单一，不能对障碍物进行分类识别。视觉相机能够获取丰富的环境信息且能提取障碍物特征，成本较低，但受环境影响较大。两者融合后的检测方法弥补了各自的缺点，检测效果比单传感器好。基于传感器融合的障碍物检测识别流程如图 3.29 所示。

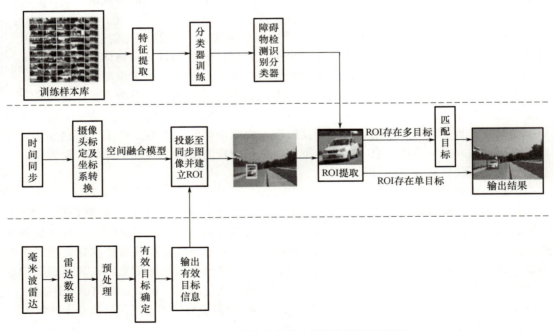

图 3.29　基于传感器融合的障碍物检测识别流程

毫米波雷达探测前方障碍物的相对距离、速度、角度等信息，并对信息进行预处理，排除道路两侧干扰目标的影响。为了提高雷达的工作效率，只选择最具威胁的一个目标作为雷达有效目标输出，通过空间融合模型，将有效目标投影至摄像头同步采集的图像上，并以投影点为中心建立感兴趣区域（Region of Interest，ROI）。

视觉系统对大量训练样本进行特征提取并将其送入分类器训练，利用训练好的分类器对毫米波雷达系统输出的 ROI 进行障碍物检测识别，最终实现毫米波雷达和视觉相机融合的障碍物检测识别。

1. 基于毫米波雷达的检测重点

在实际行车环境中，由于跟踪汽车前方的所有目标会大大降低毫米波雷达的工作效率，因此选取汽车前方最具威胁的目标作为有效目标，后续利用基于视觉的识别方法进行有效目标的类别判断，从而辅助驾驶系统作出相应的制动反应。

毫米波雷达的检测重点是确定有效目标。有效目标初选为处于同车道且纵向距离最小的目标，因为它最有可能对自车产生安全威胁。在毫米波雷达坐标系中，可以根据雷达输出的多个目标的测量值计算出目标相对自车的横向距离，来判断目标是否与自车处于同一车道。在初选有效目标后，为了判定上一个探测周期内获得的有效目标与当前探测周期内的初选有效目标是否一致，还需要引入卡尔曼滤波算法对上一个探测周期的有效目标进行状态预测。

2. 基于视觉相机的检测重点

在计算机视觉领域，深度学习方法应用广泛。这里采用目标检测方法中的 SSD 算法，它是与 YOLO 并列的单阶段检测算法。只需将雷达与视觉相机融合产生的感兴趣区域输入 SSD 算法训练好的网络模型中，就可以直接端到端实现障碍物的检测和识别。

深度学习离不开对样本的训练。采用 KITTI 数据集进行深度学习网络的训练，进而实现道路障碍物的检测识别。KITTI 数据集是最丰富的自动驾驶场景下的计算机视觉算法评测数据集。KITTI 数据集的样本分类如图 3.30 所示。

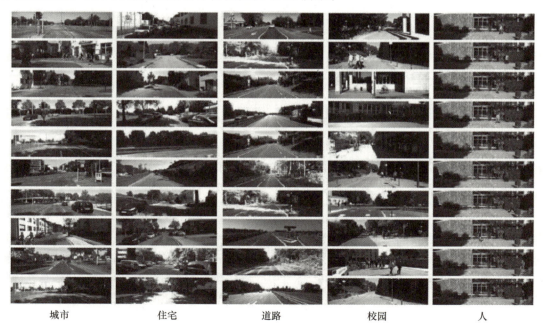

图 3.30　KITTI 数据集的样本分类

SSD 算法的网络结构如图 3.31 所示，选用 Pytorch 深度学习框架作为平台。

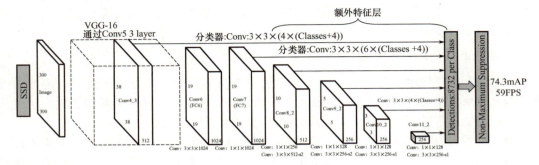

图 3.31　SSD 算法的网络结构

SSD 算法的主要代码如下（VGG 部分代码省略，仅给出 SSD 后续添加 Extra Feature Layers 部分）。

```
input_size:(19,19)
# conv8_2
Conv2d(1024,256,kernel_size= (1,1),stride= (1,1))
Conv2d(256,512,kernel_size= (3,3),stride= (2,2),padding= (1,1)) # -- >
image_size:(19-3+2*1)/2+1= 10 (10,10)
# conv9_2
Conv2d(512,128,kernel_size= (1,1),stride= (1,1))
Conv2d(128,256,kernel_size= (3,3),stride= (2,2),padding= (1,1))# -- >
image_size:(10-3+2*1)/2+1= 5 (5,5)
# conv10_2
Conv2d(256,128,kernel_size= (1,1),stride= (1,1))
Conv2d(128,256,kernel_size= (3,3),stride= (1,1))# -- >
image_size:(5-3+2*0)/1+1= 3 (3,3)
# conv11_2
Conv2d(256,128,kernel_size= (1,1),stride= (1,1))
Conv2d(128,256,kernel_size= (3,3),stride= (1,1))# -- >
image_size:(3-3+2*0)/2+1= 1 (1,1)
```

其中，# - - >表示连接到 detections 层，做定位与置信度分类层。

3. 毫米波雷达和视觉相机的空间融合

为了在空间上实现毫米波雷达获取的数据信息与机器视觉识别信息的统一，可将三维世界坐标系下的信息转换到图像像素坐标系下。实现各坐标系（三维世界坐标系、毫米波雷达坐标系、摄像机坐标系及图像坐标系、像素坐标系）的转换统一之后，可将毫米波雷达探测到的前方汽车在三维世界中的信息与图像坐标系中的信息融合，进而利用毫米波雷达信息在图像中生成感兴趣区域。各坐标的转换关系如图 3.32 所示。这一系列操作也称摄像机内参标定。

图 3.32　各坐标的转换关系

（1）毫米波雷达坐标系与三维世界坐标系的转换。

如图 3.33（a）所示，O_r-$X_rY_rZ_r$ 是毫米波雷达坐标系，O_w-$X_wY_wZ_w$ 是三维世界坐标系，可以看出三维世界坐标系的 $X_wO_wZ_w$ 平面平行于毫米波雷达坐标系的 $X_rO_rZ_r$ 平面。毫米波雷达的探测平面为 $X_0O_0Z_0$，探测范围是以 R 为半径的扇形。

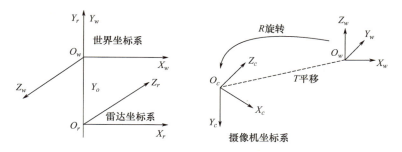

(a) 毫米波雷达坐标系与三维世界坐标系　　(b) 摄像机坐标系与三维世界坐标系

图 3.33　毫米波雷达、摄像机坐标系与三维世界坐标系的转换

根据障碍物相对雷达的距离 R 和角度 α，可以成功将雷达探测到的障碍物雷达坐标转换为三维世界坐标。

$$\begin{cases} X_w = R\sin\alpha \\ Y_w = -Y_0 \\ Z_w = -R\cos\alpha \end{cases} \quad (3-1)$$

（2）三维世界坐标系与摄像机坐标系的转换。

连接三维世界坐标系和摄像机坐标系的桥梁是刚体变换，而空间中的一个坐标系总是可以通过刚体变换转换到另一个坐标系的位置，此时可以利用刚体变换来实现坐标转换，如图 3.33（b）所示。具体方案是对三维世界坐标系依次通过旋转矩阵和平移向量。

$$\begin{bmatrix} X_c \\ Y_c \\ Z_c \end{bmatrix} = R \begin{bmatrix} X_w \\ Y_w \\ Z_w \end{bmatrix} + \boldsymbol{T} \quad (3-2)$$

（3）摄像机坐标系与像素坐标系的转换。

摄像相坐标系与像素坐标系的转换需要利用图像坐标系实现，即先从摄像机坐标系投影透视转换到图像坐标系，再从图像坐标系离散化为像素坐标系。

首先，投影透视可以用针孔成像模型近似表示，其特点是所有来自场景的光线均通过一个投影中心，它对应于透镜的中心。如图 3.34（a）所示，摄像机坐标系为 O-$X_cY_cZ_c$，OO_1 是摄像机镜头的焦距。利用小孔成像几何关系得到转化公式。

$$Z_c \begin{bmatrix} x \\ y \\ 1 \end{bmatrix} = \begin{bmatrix} f & 0 & 0 & 0 \\ 0 & f & 0 & 0 \\ 0 & 0 & 1 & 0 \end{bmatrix} \begin{bmatrix} X_c \\ Y_c \\ Z_c \\ 1 \end{bmatrix} \quad (3-3)$$

然后，离散化通过建立图像坐标系与图像像素坐标系之间的转换关系实现，如图 3.34（b）所示。同样可以得到图像坐标与像素坐标的转换公式。

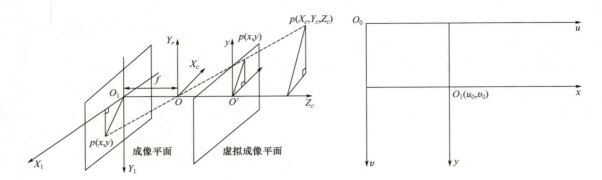

(a) 摄像机坐标系与图像坐标系　　　　　　(b) 图像坐标系与像素坐标系

图 3.34　摄像机坐标系与像素坐标系的转换

$$\begin{bmatrix} u \\ v \\ 1 \end{bmatrix} = \begin{bmatrix} 1/\mathrm{d}x & 0 & u_0 \\ 0 & 1/\mathrm{d}y & v_0 \\ 0 & 0 & 1 \end{bmatrix} \begin{bmatrix} x \\ y \\ 1 \end{bmatrix} \tag{3-4}$$

最后，联立式（3-2）至式（3-4），得到从世界坐标（X_w，Y_w，Z_w）向像素坐标（u，v）的转换。

$$\begin{aligned} Z_c \begin{bmatrix} u \\ v \\ 1 \end{bmatrix} &= \begin{bmatrix} \dfrac{1}{\mathrm{d}x} & 0 & u_0 \\ 0 & \dfrac{1}{\mathrm{d}y} & v_0 \\ 0 & 0 & 1 \end{bmatrix} \begin{bmatrix} f & 0 & 0 & 0 \\ 0 & f & 0 & 0 \\ 0 & 0 & 1 & 0 \end{bmatrix} \begin{bmatrix} X_c \\ Y_c \\ Z_c \\ 1 \end{bmatrix} \\ &= \begin{bmatrix} \alpha_u & 0 & u_0 \\ 0 & \alpha_v & v_0 \\ 0 & 0 & 1 \end{bmatrix} [\boldsymbol{RT}] \begin{bmatrix} X_w \\ Y_w \\ Z_w \\ 1 \end{bmatrix} \end{aligned} \tag{3-5}$$

其中，u_0、v_0 为主点坐标；α_u、α_v 分别为图像 u 轴和 v 轴上的尺度因子，$\alpha_u = f/\mathrm{d}x$，$\alpha_v = f/\mathrm{d}y$；$[\boldsymbol{RT}]$ 为摄像机外参矩阵，由摄像机相对于世界坐标系的方位决定，由旋转矩阵和平移向量组成。

除了上述有关坐标转换关系外，还需要进行摄像机畸变处理及摄像机标定。畸变来自摄像机投影转换到图像坐标的过程（3），一般只关心径向畸变和切向畸变。最常用的摄像机标定方法是张正友标定法，可以使用 MATLAB 标定工具箱快速实现。

4. 毫米波雷达和摄像机的时间融合

要完成毫米波雷达和摄像机的时间融合，不仅需要在空间上进行融合，而且需要雷达和摄像机在时间上同步采集数据，即实现时间融合。例如：毫米波雷达频率为 20 Hz，摄像机帧速率为 30 帧/秒，两个传感器获取信号的时间点不能相互对应。选取采集速率小的作为基准，在雷达节点报文刷新时，摄像机拍摄当前帧的图像数据，保证了两个传感器同时采集一帧数据，如图 3.35 所示。

在毫米波雷达和摄像机的融合之下，可以获得障碍物的类型及位置信息。

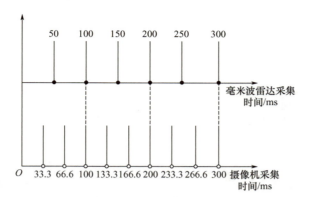

图 3.35　毫米波雷达和摄像机的时间融合

1. 道路检测主要有哪些方法？
2. 行人识别采用哪些特征？有哪些识别方法？
3. 车牌识别系统的组成是什么？
4. 车牌识别的方法有哪些？
5. 交通标志的主要识别方法有哪些？
6. 多传感器融合与单传感器检测相比，有何特点？

第 4 章
智能网联汽车定位技术

1. 熟悉全球定位系统和北斗卫星导航系统的组成。
2. 熟悉全球导航卫星系统的定位原理。
3. 了解实时定位与地图构建的定位系统工作原理。
4. 了解高精度地图包含的信息。
5. 熟悉智能网联汽车中高精度定位的实现方式。

知识要点	掌握程度	相关知识
高精度地图	了解高精度地图在智能网联汽车中的作用，熟悉全球定位系统和北斗卫星导航系统的组成	数据通信、定位导航应用、三维世界、全球定位系统定位导航应用、北斗卫星导航系统应用
全球导航卫星系统	熟悉全球导航卫星系统的组成及定位原理	全球导航卫星系统的组成、定位原理，全球定位系统、北斗卫星导航系统的组成
实时定位与地图构建	了解实时定位与地图构建	地图构建的介绍、原理分析
卫星定位与惯性导航的融合	熟悉全球导航卫星系统和惯性导航系统的优缺点及组合应用	全球导航卫星系统与惯性导航系统的融合

对于智能网联汽车来说,定位是非常关键的技术之一。首先要了解**不同定位技术**,包括高精度地图、全球导航卫星系统(Global Navigation Satellite System,GNSS)、实时定位与地图构建、卫星定位与惯性导航的融合等。

4.1 高精度地图

4.1.1 高精度地图的概念

高精度地图分为狭义高精度地图和广义高精度地图。狭义高精度地图是由传统图形商定义的精度更高、内容更详细的地图,如定义更详细信息(如车道和交通标志)的地图。广义高精度地图直接构建了一个真实的三维世界,除了包括绝对位置的形状信息和拓扑关系外,还包括点云、语义和特征等属性。高精度地图是连接控制系统、车、路的纽带。

高精度地图

与传统地图相比,高精度地图信息的丰富性和准确性都有显著提升。高精度地图包含以下信息。

(1)道路参考线。为了实现车道级导航、路径规划功能,需要在原始地图数据中抽象道路结构,形成由顶点组成的拓扑结构;同时为了优化数据的存储,需要用连续的曲线段表示道路。

(2)道路连通线。除道路参考线外,高精度地图还应描述道路的连通性。比如路口中没有车道线的部分,需要将所有可能的行驶路径抽象成道路参考线,并体现在高精度地图数据库中。

(3)车道模型。除了记录道路参考线、道路连通线外,高精度地图还需要记录无车道道路的拓扑结构,而且除车道的几何特性外,车道模型还包括车道数、道路坡度、功能属性等。

(4)对象模型。对象模型记录道路和车道行驶空间范围边界区域的元素,模型属性包括对象的位置、形状和属性值,模型元素包括护栏、互通式立交桥、隧道、龙门架、交通信号标志、可变信息标志、轮廓标志、收费站、电线杆、交通信号灯、墙壁、箭头、文字、符号、警告区、分流区等,如图 4.1 所示。

图 4.1 高精度地图的对象模型元素

导航地图与高精度地图的对比见表 4-1。

表 4-1　导航地图与高精度地图的对比

地图种类	地图形态	使用者	制图技术	主要数据采集方式	更新频率
导航地图	2D	人	卫星定位	自采团队	30 天/次
高精度地图	3D	机器	机器视觉	众包	1 小时/次

4.1.2　高精度地图的作用

在智能网联汽车应用领域，高精度地图在规划决策、辅助高精度定位、辅助环境感知等方面都发挥着重要作用。图 4.2 所示为高精度地图的作用。

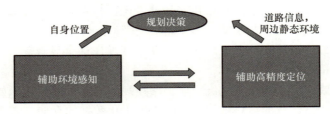

图 4.2　高精度地图的作用

（1）规划决策。高精度地图可以看成一种超视距传感器，它提供了极远距离的道路信息，用于自动驾驶系统的全局路径规划，并有效辅助局部路径规划。

（2）辅助高精度定位。高精度地图可以提供道路中特征物（如标志牌、龙门架等）的形状、尺寸、高精度位置等语义信息，车载传感器在检测到响应特征物时，可以根据检测到的特征物信息匹配上述语义信息，由汽车与特征物间的相对位置推算出当前汽车的绝对高精度位置信息。高精度定位是高精度地图有效应用的重要方向，也是自动驾驶系统自主导航、自动驾驶的重要前提。在车载传感器定位受限的情况下，高精度地图可以为自动驾驶系统提供有效的辅助定位信息。

（3）辅助环境感知。高精度地图能够提高智能网联汽车数据处理效率，智能网联汽车感知重构周围三维场景时，可以将高精度地图作为先验知识缩小数据处理时的搜索范围。在高精度三维地图上标记详细的道路信息，可以为自车感知系统提供有效的辅助识别，优化感知系统的计算效率，提高识别精度，避免发生误识别等。高精度三维地图是在高精度地图静态信息的基础上，添加动态交通信息（如道路交通拥挤情况、施工条件、交通事故、交通管制条件、天气条件等）的地图。不同于准静态信息的更新，翻修、道路标志磨损和重新刷漆、改变交通标志等可以通过周期性的高精度地图更新。

动态交通信息的更新需要实时反映在地图上，以确保智能网联汽车的驾驶安全性。实现实时高精度地图在技术上存在诸多难点，信息安全、信息完整、数据更新、高速传输等问题需要解决。但是随着智能网联汽车的广泛应用、车联网技术的发展，更丰富的动态交通信息分享可以使汽车更智能。动态地图信息的构成如图 4.3 所示。

图 4.3　动态地图信息的构成

4.2　全球导航卫星系统

全球导航卫星系统由四种卫星系统组成：全球定位系统（Global Positioning System，GPS）、格洛纳斯卫星导航系统（Global Navigation Satellite System，GLONASS）、伽利略卫星导航系统（Galileo Satellite Navigation System）、北斗卫星导航系统（BeiDou Navigation Satellite System，BDS）。下面以 GPS 为例进行讲解。GPS 提供可在 GPS 接收机中处理的编码卫星信号，允许接收机估计位置、速度和时间，为此，GPS 需要四个卫星信号计算三维位置和接收机时钟的时间偏移。图 4.4 所示为 GPS 定位示意。

图 4.4　GPS 定位示意

GPS工作原理

全球导航卫星系统的一个关键部分是参考坐标系的定义，对描述卫星运动、可观测模型和结果解析至关重要。全球导航卫星系统工作需要以下两个参考系统：①太空固定惯性参考系统，用于描述卫星运动；②地固参考系统，用于确定观测站的位置和描述卫星测量的结果。这两个系统间的转换参数是已知的，将参数直接应用在全球导航卫星系统接收机和后处理软件中,以计算接收机在地固参考系统中的位置。按照惯例,地固参考系统由三轴(X轴、Y轴、Z轴)定义,其中Z轴与地球旋转轴重合,X轴与格林尼治子午线关联,Y轴与Z轴、X轴正交,满足右手定则。GPS使用WGS84(World Geodetic System 1984)作为参考系统,并且WGS84与一个地心等电位旋转椭球体关联。

随着全球导航卫星系统卫星数量的增大,近年来支持多个星座的全球导航卫星系统接收机发展稳定。随着全球导航卫星系统星座的不断更新,几乎所有新设备都支持多个星座。支持多个星座有以下三个优势:①可用范围增大,特别是在有阴影的地区;②准确性提高,更多的卫星视图精度提高;③鲁棒性提高,系统很难被欺骗。

4.2.1　全球导航卫星系统定位原理

全球导航卫星系统定位原理是以卫星作为参考点,即在已知卫星位置的前提下,用户接收卫星信号并计算与卫星之间的距离,在地面上进行三角交叉测量,从而计算接收器的位置。定位方法是测量未知点与已知位置卫星之间的瞬时距离,主要有虚拟距离观测和载波相位观测两种测量方法。

由于载波相位观测的精度远高于虚拟距离观测的精度,因此载波相位观测主要用于高精度测量。无论是虚拟距离观测还是载波相位观测,观测对象都是卫星到接收器的距离。计算过程依据三球定位原理,如图4.5所示。只要同时观测三颗卫星,获得三个空间距离,就可以计算出接收器的位置。

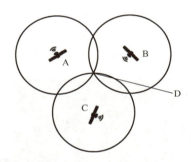

A,B,C—卫星;D—接收器

图4.5　三球定位原理

4.2.2　全球导航卫星系统的组成

GPS由地面控制部分、空间部分和用户设备部分组成。

(1)地面控制部分。地面控制部分由主控站、地面天线、监测站等组成,如图4.6所示。

① 主控站。主控站是地面控制部分的核心,主要功能是采集各监测站的数据,计算卫星星历表和包括信号异常处理的校正量,管理和协调地面监测系统各部分工作,采集各监测站的数据。将导航信息编译发送到注入站,将卫星星历表注入卫星,监测卫星状态,并向卫星发送控制命令。

② 地面天线。地面天线是接收卫星信号的时钟系统信号接收部分的一个子部分,卫星信号分为L1和L2,频率分别为1575.42MHz和1228MHz。L1是开放的民用信号,是圆极化的,信号强度约为166dBm,是较弱的信号。地面天线按照放置方式分为内置天线

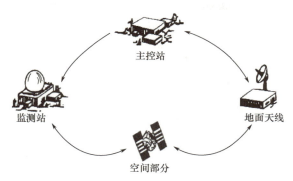

图 4.6　地面控制部分的组成

和外置天线,按照供电方式分为有源天线和无源天线,汽车车载 GPS 天线多为内置圆形天线,也有线性天线。

③ 监测站。监测站是在全球导航卫星系统中监测和采集数据的卫星信号接收站,根据任务的不同,可分为时间同步定轨站和完整性监测站。监测站的主要功能是对导航卫星信号进行跟踪监测,接收导航卫星信息,测量监测站相对导航卫星的伪距、载波相位和多普勒观测数据。数据经过预处理后,送入主控站,作为卫星定轨、时间同步、广域差分和完好性监测的依据。为了保证高精度、实时性,要求监测站在全球范围内尽可能均匀分布,实现导航卫星的全弧跟踪。GPS 共有五个监测站,其中四个与主控站和地面天线重叠。每个监测站使用双频 GPS 信号接收器,对每个可见卫星每 6s 进行一次伪距测量和积分多普勒定位观测,收集气象、环境、地理信息等资料。

(2) 空间部分(图 4.7)。空间部分的 24 颗卫星组成一个 GPS 卫星组,其中 21 颗是导航卫星,3 颗是活动卫星。24 颗卫星以 55°的轨道倾角绕地球运行,运行周期约为 12h。每颗卫星都发射导航信号和定位信号,用户可以利用这些信号实现导航。

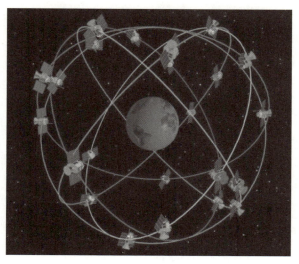

图 4.7　空间部分

(3) 用户设备部分。用户设备部分包括卫星导航接收器和卫星天线,其主要功能是根据一定的卫星截止角捕获被测卫星,并跟踪这些卫星的运行情况。当接收器捕获被跟踪的卫星信号时,可以测量接收天线对卫星伪距和距离的变化率,并解调卫星轨道参数等数据。基于这些数据,接收器中的微处理器可以根据定位解算方法进行定位计算,并计算用户地理位置的纬度、经度、高度、速度、时间等。

4.2.3 北斗卫星导航系统的组成

北斗卫星导航系统(简称北斗系统)是我国自行研制的全球导航卫星系统。北斗卫星导航系统服务区为我国及周边国家,已广泛应用于船舶运输、公路运输、铁路运输、海上作业、渔业生产、水文预报、森林防火、环境监测等行业,以及军事、公安、海关等有特殊指挥调度要求的单位。北斗卫星导航系统的覆盖范围为东经70°~140°,北纬5°~55°,在地球赤道面上配备了两颗地球同步卫星,赤道角约为60°。

与其他卫星导航系统相比,北斗卫星导航系统有以下特点。

(1) 系统空间段采用三种轨道卫星组成的混合星座,与其他卫星导航系统相比,高轨卫星更多,抗遮挡能力更强,尤其低纬度地区性能特点明显。

① 北斗卫星导航系统提供多个频点的导航信号,能够通过组合使用多频信号等方式提高服务精度。

② 北斗卫星导航系统创新融合了导航与通信能力,具有实时导航、快速定位、精确授时、位置报告和短报文通信服务五大功能。

(2) 北斗卫星导航系统用户终端系统最多可容纳54万用户/小时,具有双向消息通信功能,用户可一次发送40~60个汉字的短消息信息。北斗卫星导航系统具有精确定时功能,可以为用户提供20~100ns的时间同步精度。

北斗卫星导航系统由空间段、地面段和用户段三部分组成,如图4.8所示。

北斗卫星导航系统

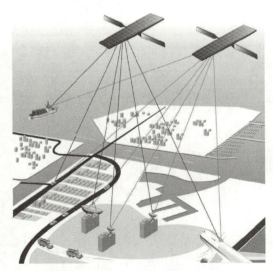

图4.8 北斗卫星导航系统的组成

(1) 空间段(图4.9)。空间段由35颗卫星组成,其中地球静止轨道卫星5颗、中地轨道卫星27颗、倾斜同步轨道卫星3颗。5颗地球静止轨道卫星的固定位置为东经

58.75°、80°、110.5°、140°和 160°。中地轨道卫星运行在 3 个轨道面上,轨道面均匀分布(互呈 120°)。

图 4.9 空间段

(2)地面段(图 4.10)。地面段由主控站、注入站和监测站组成。主控站用于系统运行管理和控制,接收并处理来自监测站的数据,生成卫星导航信息和差分完整性信息,再将信息传送到注入站发送。注入站用于向卫星发送信号、控制和管理卫星,在接收到主站调度后,向卫星发送卫星导航信息和差分完整性信息。监测站用于接收卫星信号并将其发送到主控站,以确定卫星轨道,并为时间同步提供观测。

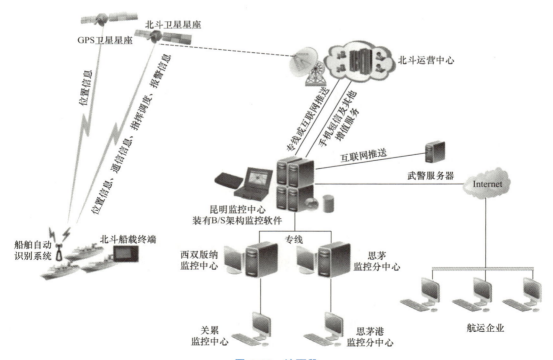

图 4.10 地面段

(3)用户段(图4.11)。用户段包括北斗用户终端和与其他卫星导航系统兼容的终端。接收器需要捕捉和跟踪卫星的信号,并根据数据以一定的方式进行定位计算,获得用户的纬度、精度、海拔高度、速度、时间等信息。北斗卫星导航系统可以为全世界各种用户提供全天候、高精度、高可靠性的定位、导航和定时服务,具有短信息通信能力,提供区域导航、定位和定时功能,定位精度为10m,测速精度为0.2m/s,定时精度为10ns。

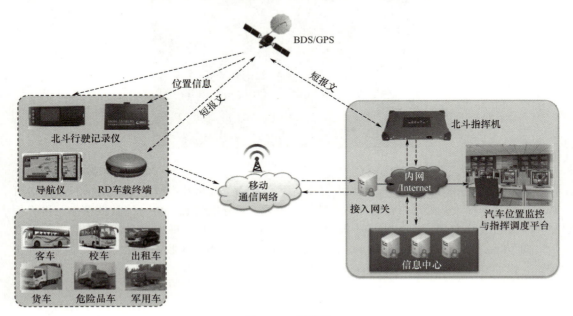

图4.11 用户段

4.3 实时定位与地图构建

4.3.1 实时定位与地图构建简介

实时定位与地图构建是一个很复杂的系统层次的概念,并不是特指一个具体的算法。它包括图像匹配处理模块、滤波处理、回环检测、图优化理论、矩阵运算等,是一个复杂的系统工程。

高精度地图构建

实时定位与地图构建可以使用激光、视觉、红外等传感器,在机器人移动过程中获取传感器检测的环境特征,进一步识别行驶过程不同时刻环境特征中的类似部分,将检测到的环境信息进行拼接,对行驶过的环境进行基于当前传感器信息的完整描述,即高精度地图构建,如图4.12所示。

实时定位与地图构建主要适用于智能网联汽车、机器人等领域,先通过激光或视觉摄像头扫描环境数据点构建地图,再基于地图匹配的方式进行自身定位,在无人清洁车、低速园区无人摆渡车、低速无人快递车等低速场景的自动驾驶应用中十分常见。对于高速自动驾驶,由于实时定位与地图构建基于网格(Grid)进行

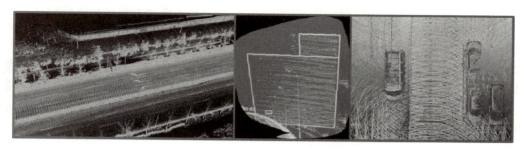

图 4.12 实时定位与地图构建

计算，存在庞大的计算开销、时延、数据存储等问题，以及无人车对实时控制、安全的高性能要求，因此目前并不适用于大范围、高速自动驾驶场景中。高速自动驾驶使用的是高精度地图。

主流的实时定位与地图构建主要采用两种技术路线，一种是基于激光雷达点云数据的实时定位与地图构建，公开的比较知名的算法框架有 Mapping、Hector SLAM 等。这种实时定位与地图构建技术的优点是建图测量精度较高，但激光雷达成本太高，量产商用可行性低。另一种是基于视觉摄像头的实时定位与地图构建，公开的知名算法框架有 ORB-SLAM2、Mono-SLAM、PTAM、LSD-SLAM、DSO 等。这种实时定位与地图构建技术的优点是传感器成本低，但建图精度略低，受光线、环境干扰较大。

基于视觉摄像头的实时定位与地图构建根据所用摄像头数量分为单目实时定位与地图构建和双目实时定位与地图构建。单目实时定位与地图构建成本低，但由于无法测量深度、尺度等问题，因此测量精度不高。双目实时定位与地图构建经过系统的标定后，可以计算得出深度信息。因此，从鲁棒性和可靠性来说，双目实时定位与地图构建比单目实时定位与地图构建好。一般来说，基于视觉摄像头的实时定位与地图构建都结合惯性传感器等传感器使用，以更大程度地提高建图精度和姿态估计精度。

近几年随着深度学习、人工智能技术的发展，出现了一些结合 AI、深度学习、目标检测、语义分割等技术的实时定位与地图构建技术，如语义实时定位与地图构建技术等。这些技术可以从图像中获得更丰富的语义信息，以辅助推断几何信息，如已知物体的尺寸就是一个重要的几何线索。

4.3.2 案例——实时定位与地图构建原理分析

实时定位与地图构建的基本原理如下：通常情况下，机器人因为移动的不确定性而发生漂移，一个好的实时定位与地图构建系统不仅能处理环境的不确定性，而且能处理机器人自身轨迹的不确定性。

如图 4.13 所示，假设一个机器人运动本体从原点 $x_0(0,0)$ 沿 X 轴方向向前移动 10m，那么理论上它的位置应该是(10,0)。但实际工程中，由于测量设备具有不准确性，如陀螺仪测量值不准、轮子打滑、测量设备零漂等，因此机器人并不能准确到达(10,0)位置，其到达的位置可能是(9.8,0)，也可能是(10.1,0)，这是由运动本体的运动不精确性导致的。实际上，从数学理论来说，x_1 的位置变量符合一个以(10,0)为中心的高斯分布，方差 δ 可能是 0.1 或 0.2。如果机器人继续往前走而不纠正，则误差会越来越大，直至系统失效。

希望在给定初始值 x_0 的位置为(0,0)时,让 x_1 的位置尽可能准确。其实就是计算如何最大化 x_1 位置的似然估计。引进新的参照物,可以增强参考位置的可靠性(图 4.14)。就像一个人在荒无人烟的沙漠中行走,如果有一棵大树作为参照物,他就能知道自己现在的位置、走了多远。这个参照物就是常说的 Landmark(路标),记作 L_0。不断观察路标,并实时更新当前位置,可以校正当前位置误差。但是,随着路标位置的丢失,定位误差会慢慢增大。因此,需要通过不断迭代新的路标的观测值来最大化当前位置的似然估计。

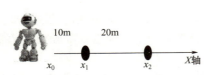

图 4.13　实时定位与地图构建案例 1

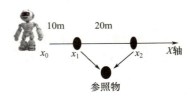

图 4.14　实时定位与地图构建案例 2

综上所述,建立如下约束方程。

初始位置约束方程:

$$x_0 = 0$$

运动约束方程:

$$x_2 - x_1 = 10$$

观测约束方程:

$$x_1 - L_0 = 20$$

将上述约束方程按照各状态向量空间的顺序组成向量矩阵表达式,再根据每步新的测量更新表达定位关系,就是实时定位与地图构建的原理。因此实时定位与地图构建依赖如下三个约束条件:①初始位置约束,即 x_0 初始位置的约束条件;②运动状态约束,即基于初始位置条件下, x_1、x_2、x_3 等位置表达式的约束条件;③观测约束,即路标位置表达式。

基于以上三个约束条件,实时定位与地图构建可以结合扩展卡尔曼滤波(Extended Kalman Filter,EKF)、粒子滤波(Particle Filter,PF)等算法进行定位。首先获取所有路标和机器人初始位置条件,作为先决条件;然后通过位置矩阵方程,存储各路标和机器人的各位置坐标;最后通过不断迭代更新来更新位置,减小位置误差。

4.4　卫星定位与惯性导航的融合

全球导航卫星系统是应用最广泛的定位系统,它使用方便、成本低,定位精度可达 5m。然而,全球导航卫星系统面临着易受干扰、动态环境可靠性差、数据输出频率低、高层建筑卫星信号闭塞等问题。如果将全球导航卫星系统与惯性导航系统结合起来,则两个导航系统可以相互补充,形成一个有机整体。全球导航卫星系统与惯性导航系统的优缺点见表 4-2。

表 4-2 全球导航卫星系统与惯性导航系统的优缺点

定位类型	优点	缺点
全球导航卫星系统	定位快速,覆盖范围大,适合大范围监控管理和数据采集用户数据传输应用	噪声大;信号微弱;没有加密,容易被干扰和欺骗
惯性导航系统	隐蔽性好;全天候;提供位置、速度、航向、姿态角信息;导航信息更新速度快;是完全自主式的导航系统;系统校准后短时定位精度高	误差随时间累积
全球导航卫星系统＋惯性导航系统	噪声小,误差不随时间累积,通过集成惯性导航传感器来处理全球导航卫星系统间歇性不可用时的问题	

4.4.1 惯性导航系统

惯性导航系统是利用惯性测量单元的角度和加速度信息来计算载体的相对位置的一种定位技术。惯性测量单元利用陀螺仪或加速度传感器等惯性传感器的参考方向和初始位置信息来确定载体位置。惯性导航涉及力学、控制理论、计算机技术、测试技术、精密机械技术等,是一门综合性很强的应用技术。

加速度计可以测量载体的瞬时加速度信息,通过计算获得载体的瞬时速度和位置;陀螺仪可以测量瞬时角速率或角位置信息,提供各轴(及其上加速度计)在各时刻的方向。基于上述过程,空间载体的瞬时运动参数包括直线运动参数和角运动参数,可以由惯性测量单元测量得到。惯性导航系统可以利用这些测量值来计算载体的空间位置和速度,并且通过惯性测量单元提供的三轴角速度数据估计汽车姿态,如侧倾、俯仰和航向等。惯性导航系统的工作过程如图 4.15 所示。

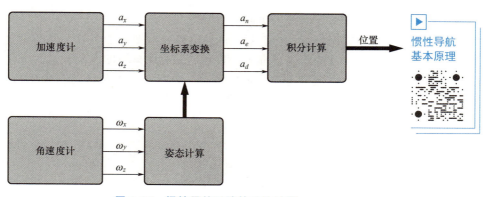

图 4.15 惯性导航系统的工作过程

在惯性导航实现过程中,惯性导航系统既不向载体外部发送信号,又不接收外部信号,是一种完全自主的导航系统。惯性导航系统信号还可用于协助接收器天线与导航卫星定位对准,从而减小干扰对系统的影响。对于导航载波相位测量,惯性导航系统能够很好地解决卫星定位导航周期跳变和信号丢失后整周模糊度参数的重新计算问题。惯性导航系统的主要缺点是定位误差随时间的推移累积，经过长时间的工作，累积误差会有不同程度的变化。综上所述，惯性导航是智能网联汽车领域不可或缺的关键技术，但需要与其他定位传感器配合，以满足智能网联汽车的高精度定位需求。

惯性导航系统还可以是辅助激光雷达。摄像头等车载局部环境感知系统，获取车辆与环境的高精度位置关系。在车辆行驶过程的侧倾、俯仰、横摆等运动情况下，惯性导航系统为车载传感器提供车辆的空间位置和姿态，用于修正传感器对环境的检测，建立更加准确的环境感知。

4.4.2　全球导航卫星系统和惯性导航系统的组合应用

惯性导航系统利用安装在载体上的惯性器件敏感载体的运动，输出载体的姿态和位置信息，具有很强的自主性、保密性、灵活性、机动性，具备多功能参数输出；但是由于导航精度随时变化，因此惯性导航系统不能长时间单独工作，必须连续校准。全球导航卫星系统由于需要接收足够数量的卫星信号才能够实现定位，因此受各种物理信号、电磁信号等遮挡影响较大。

从全球导航卫星系统和惯性导航系统的优缺点来看，两者具有很强的互补性。在短时间内，惯性导航系统的误差比全球导航卫星系统的小，但长时间使用时，必须通过全球导航卫星系统离散测量值进行修正，通过抓取系统漂移量，达到快速估计状态参数与收敛的目的。

当卫星导航信号受到高强度干扰或卫星系统接收器出现故障时，惯性导航系统可独立进行导航定位。另外，惯性导航系统具有定位精度高、数据采样率高等特点，能在短时间内为卫星导航系统提供辅助信息；利用这些辅助信息，接收器可以保持较小的跟踪带宽，从而提高系统获取卫星信号的能力。当卫星导航信号条件显著改善以允许跟踪时，惯性导航系统向卫星导航接收器提供初始位置、速度等信息，以快速重新获取导航代码和载波。全球导航卫星系统的定位传感器相对准确，但更新频率较低，不能满足实时计算的要求。惯性导航系统的定位误差随着运行时间的增加而增大，但由于它采用了高频传感器，因此可在短时间内提供稳定的实时位置更新。

在全球导航卫星系统和惯性导航系统的组合系统（图4.16）中，可以通过卡尔曼滤波器处理传感器测量值，从而给出更准确、更稳定的载体高精度定位信息。卡尔曼滤波器的工作主要分为两个阶段：预测阶段（根据最后一个时间点的位置信息预测当前位置信息）和更新阶段（根据预测目标位置的当前观测修正位置更新目标位置）。

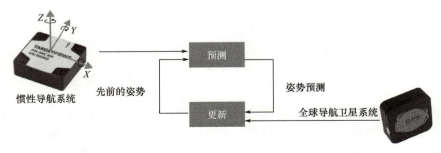

图4.16　全球导航卫星系统与惯性导航系统的组合系统

习 题

1. 全球导航卫星系统有哪几种？
2. BDS 与 GPS 有哪些区别？
3. 卫星定位测量的原理是什么？
4. 智能网联汽车对导航系统提出了哪些发展需求？
5. 高精度地图在智能网联汽车中有哪些作用？

第 5 章
智能网联汽车网络技术

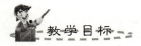 **教学目标**

1. 了解智能网联汽车的网络系统组成。
2. 掌握车载网络的类型，CAN 总线网络、LIN 总线网络、以太网、FlexRay 总线、MOST 总线的组成和特点。
3. 掌握车载自组织网络的通信类型、方式和特点。
4. 了解车载移动互联网的组成、接入方式和特点。

 **教学要求**

知识要点	掌握程度	相关知识
智能网联汽车网络的类型与特点	掌握智能网联汽车网络的类型，了解网络的特点	智能网联汽车网络的类型与特点
车载网络	掌握车载网络的类型，以及 CAN 总线网络、LIN 总线网络、以太网、FlexRay 总线、MOST 总线的组成和特点	车载网络的类型，CAN 总线网络、LIN 总线网络、以太网、FlexRay 总线、MOST 总线的组成和特点
车载自组织网络	掌握车载自组织网络的通信类型、方式和特点	车载自组织网络的通信类型；通信的两种技术（DSRC 技术和 LTE-V 技术）；车载自组织网络的特点
车载移动互联网	了解车载移动互联网的定义，掌握车载移动互联网的接入方式和特点	车载移动互联网的定义、接入方式和特点

随着汽车的电动化、智能化、网络化发展，汽车上的传感器越来越多，与汽车的控制系统之间需要互联互通，汽车与道路基础设施上的传感器也要互联互通。因此，智能网联汽车将是一个庞大的网络系统。

5.1　智能网联汽车网络的类型和特点

5.1.1　智能网联汽车网络的类型

如图 5.1 所示，智能网联汽车网络有三种类型：以车内总线通信为基础的车载网络，以远距离无线通信为基础的车载移动互联网络，以短距离无线通信为基础的车载自组织网络。

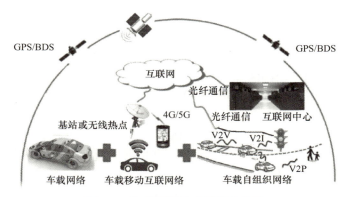

图 5.1　智能网联汽车网络的类型

5.1.2　智能网联汽车网络的特点

智能网联汽车网络的特点如下。

（1）复杂化。智能网联汽车电控系统的网络体系结构复杂，包含数百个电子控制单元通信节点，电子控制单元被划分到十几个不同的网络子系统中，由电子控制单元产生的需要进行通信的信号多达数千个。

（2）异构化。为满足各功能子系统在网络带宽、实时性、可靠性和安全性的不同需求，CAN、LIN、FlexRay、MOST、以太网、自组织网络、移动互联网等网络技术都将在智能网联汽车上得到应用。因此，不同网络子系统采用的网络技术之间存在很大程度上的异构性。

（3）网关互连的层次化架构。智能网联汽车电控系统和 ADAS 的网络体系结构具有层次化特点，包括同一网络子系统内不同电子控制单元之间的通信和两个或两个以上网络子系统包含的电子控制单元之间的跨网关通信等情况。如防碰撞系统功能的实现依赖安全子系统、底盘控制子系统、车身子系统及 V2V、V2I、V2P 之间的交互和协同控制。

（4）通信节点组成和拓扑结构是变化的。智能网联汽车需要实现 V2V、V2I、V2P 之间的通信，其网络体系中的通信节点和体系结构的拓扑结构是变化的。

5.2 车载网络

现代汽车内部电子控制系统主要分为三部分：一是信号采集部分，一般称为传感器；二是对传感器采集的信号进行分析处理，并向被控制装置输出控制信号的电子控制单元，称为控制器；三是根据控制器输出的信号，完成控制操作的执行器，如图 5.2 所示。车载网络承担三者之间的硬件连接和信息交互。

图 5.2　现代汽车内部电子控制系统的组成

5.2.1　车载网络分类

车载网络分类1

为了方便研究和设计，国际自动机工程师学会的汽车网络委员会按照系统的复杂程度、传输流量、传输速度、传输可靠性、动作响应时间等参数，将车载网络划分为以下五类。

A 类低速网络：传输速率一般小于 10kbit/s；主流协议是 LIN；主要用于电动门窗、电动座椅、照明系统、智能刮水器等。

B 类中速网络：传输速率为 10～125kbit/s，对实时性要求不高，主要面向独立模块之间数据共享的中速网络；主流协议是低速 CAN；主要用于故障诊断、空调、仪表显示。

C 类高速网络：传输速率为 125～1000kbit/s；对实时性要求高，主要面向高速、实时闭环控制的多路传输网；主流协议是高速 CAN、FlexRay 等；主要用于发动机控制、防抱死制动系统（Anti-lock Braking System，ABS）、牵引力控制系统（Acceleration Slip Regulation，ASR）、车身电子稳定系统（Electronic Stability Program，ESP）、悬架控制等。

D 类多媒体网络：传输速率为 250kbit/s～100Mbit/s；网络协议主要有 MOST、以太网、蓝牙、ZigBee 技术等；主要用于要求传输效率较高的多媒体系统、导航系统等。

车载网络分类2

E 类安全网络：传输速率大于 10Mbit/s，是面向汽车被动安全系统的高速、实时网络；主要用于安全气囊系统。典型的安全总线有宝马公司的 Byteflight。

图 5.3 所示为某车车载网络系统，由高速网络、中速网络、低速网络组成。其中发动机、悬架等采用高速网络；仪表显示、安全气囊等采用中速网络；中央门锁、座椅调节等采用低速网络，各网络间以网关连接。

常用车载网络有 CAN、LIN、FlexRay、MOST 和以太网，它们的对比见表 5-1。

表 5-1　常用车载网络对比

车载网络类型	最高带宽	传输介质	最大载荷/B	是否实时	成本
CAN	1Mbit/s	双绞线	8	否	低
LIN	19.2kbit/s	单缆	8	否	低
FlexRay	10Mbit/s	双绞线/光纤	254	是	中
MOST	150Mbit/s	双绞线/光纤	3072	否	高
以太网	1Gbit/s	非屏蔽双绞线	1500	否	低

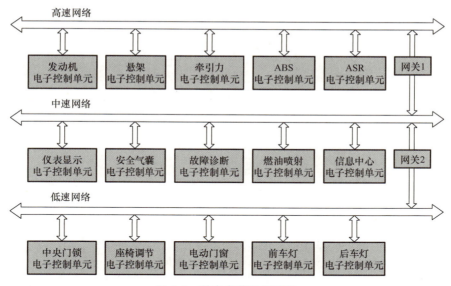

图 5.3　某车车载网络系统

5.2.2　CAN 总线

CAN（Controller Area Network，控制器局域网络）总线是博世公司为了解决汽车上众多测试仪器与控制单元之间的数据传输，而开发的一种支持分布式控制的串行数据通信总线。CAN 总线是国际上应用广泛的网络总线之一，也是汽车上普遍应用的一种总线技术。

1. CAN 总线系统的组成

CAN 总线系统主要由若干节点、两条数据线和终端电阻组成，如图 5.4 所示。

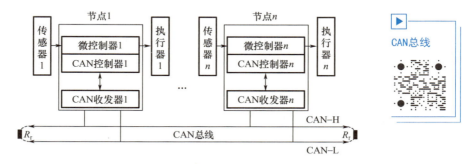

R_T—终端电阻

图 5.4　CAN 总线系统的组成

每个节点由微控制器、CAN 控制器、CAN 收发器组成，独立完成网络数据交换和测控任务。其中，微控制器可以采集传感器的数据，同时控制执行器的动作；CAN 控制器具有数据打包/解包和验收滤波的作用；CAN 收发器具有同时发送/接收信号和信号转换（数字信号与总线电压信号转换）的作用，信号转换过程如图 5.5 所示，CAN 收发器对 CAN-H 和 CAN-L 两根导线的电压进行差分运算后，生成差分电压信号 V_diff，再用 "负逻辑" 将差分电压信号转换为数字信号，高电平为显性，用数字信号 "0" 表示；低电平为隐性，用数字信号"1"表示。

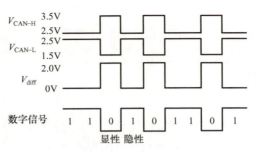

图 5.5　CAN 收发器信号转换过程

2. CAN 总线的数据帧结构和通信原理

（1）CAN 总线的数据帧结构。

CAN 总线数据帧由起始帧、仲裁段、控制段、数据段、CRC 段、ACK 段和结束帧七部分组成，如图 5.6 所示。每部分称为"场"，每个场包含若干数据位，每个数据位代表一个二进制的电路状态，即 1 或 0。

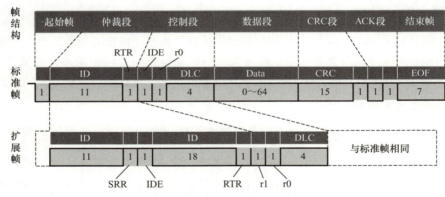

图 5.6　CAN 总线数据帧的组成

起始帧：表示一帧开始，占 1 位。

仲裁段：主要部分为 11 位的标识字符，即 ID 值。由于 CAN 总线是开发型的，总线上任何节点单元都可以随时发送信息，因此若有两个或者两个以上节点单元同时发送，就会出现冲突。此时需要仲裁段的标识符所体现的优先级来确定双方发送次序。

控制段：主要为了说明数据长度，即此条信息数据段包含的数据字节数，共 6 位。

数据段：包含有效传送的数据部分，以字节形式存在，每个字节 8 位，先发送最高位。

CRC 段：主要用于信息校验。CRC（Cyclic Redundancy Check，循环冗余码校验）是一种通过一定算法检验传送信息是否在传输过程出错的方法。

ACK 段：称为应答场，占 2 位，包括 1 个应答位和 1 个应答界定符。此时发送方释放总线，不发送任何消息，由接收方向总线发送应答信号。若总线有电平变化，则表示有应答，说明通信正常进行。

结束帧：表示一帧结束。

（2）CAN 总线的通信原理。

以图 5.7 为例介绍 CAN 总线通信原理。节点 1 向节点 n 传输数据的流程如图 5.4 所示。节点 1 从微控制器对传感器进行数据采集，将采集的数字信号附加一个数据标识 ID 号发送给 CAN 控制器 1，CAN 控制器 1 打包数据，再将数据包发送给 CAN 收发器 1，CAN 收发器 1 把数字信号转换为电压信号，并发送给 CAN 总线，至此信号发送完成。CAN 收发器 n 从 CAN 总线接收信号，并将电压信号转换为数字信号，再把数字信号发送给 CAN 控制器 n，CAN 控制器 n 对接收到的信号进行验收滤波（即仲裁），判断接收的数据是否是自身节点需要的数据，如果是，则解包数据，并发送给微控制器 n，根据传感器 n 的信号对执行器 n 进行控制；如果不是，则放弃节点 1 信号。

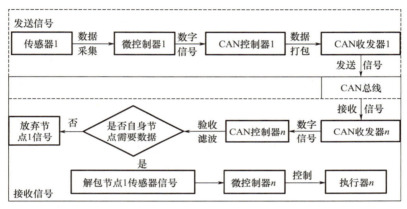

图 5.7　CAN 总线通信原理

当 CAN 总线上的多个节点同时向总线发送数据时，多个数据会在总线上出现"撞车"现象，需要进行仲裁，决定哪个节点数据先发，哪个节点数据后发。CAN 总线的仲裁机制如下。

① CAN 总线的多个节点同时向总线发送数据时，总线上的结果是多个数据的"逻辑与"值。如节点 1 向总线上发的数字信号为 1，节点 2 向总线上发的数字信号为 0，则总线上数值为 1 和 0 的逻辑与值为 0。

② 每个节点在发送数据时，逐位地发送和接收。当节点向总线上发送的数据与从总线上监听到的数据一致时，节点可以继续向总线发送数据；否则，节点停止向总线发送数据。

（3）案例：CAN 总线的仲裁机制分析。

表 5-2 所示为 CAN 总线仲裁过程。

表 5-2　CAN 总线仲裁过程

仲裁段/位	10	9	8	7	6	5	4	3	2	1	0	RTR
悬架控制单元	0	0	1	1	0	1	停止发送数据					
发动机控制单元	0	0	1	1	0	0	0	1	1	停止发送数据		
电子制动力分配控制单元	0	0	1	1	0	0	0	1	0	1	0	1
CAN 总线	0	0	1	1	0	0	0	1	0	1	0	1

从表中可以看出，在第 10～6 位时，三个控制单元发送和监听的数据一致，它们都可以继续向总线发送数据；在第 5 位，发动机控制单元和电子制动力分配（Electronic Brakeforce Distribution，EBD）控制单元向总线发送的数字信号为 0，而悬架控制单元发送的信号为 1，三个数字逻辑与值为 0。因此，发动机控制单元和 EBD 控制单元向总线发送和监听的信号一致，可以继续向总线发送数据；而悬架控制单元向总线发送和监听的信号不一致，停止向总线发送数据，只能接收数据。

在第 4 位和第 3 位，发动机控制单元和 EBD 控制单元发送和监听的数据一致，它们都可以继续向总线发送数据。在第 2 位，EBD 控制单元向总线发送的数字信号为 0，而发动机控制单元发送的信号为 1，两个数字逻辑与值为 0，因此 EBD 控制单元向总线发送和监听的信号一致，可以继续向总线发送数据；而发动机控制单元向总线发送和监听的信号不一致，停止向总线发送数据，只能接收数据。

至此，三个节点通过仲裁段数据的优先级竞争，EBD 控制单元获得了仲裁，可以使用总线，可以将数据发送至 CAN 总线；EBD 控制单元发送完数据以后，系统会自动使发动机控制单元、悬架控制单元继续向总线发送仲裁数据，重新竞争总线使用权。

3. CAN 总线的特点

（1）符合国际标准。便于一辆汽车上不同厂家的电子控制单元器件间可以数据共享及交换。

（2）多主方式。网络上任一节点均可在任意时刻主动向网络其他节点发送信息，不分主从。

（3）信息优先级发送。当 CAN 总线中多个节点向总线发送报文而产生冲突时，会根据优先级进行仲裁，优先级低的节点会自动退出发送，等优先级高的节点发送完后自动重发。

（4）数据传输方式多种多样。CAN 节点只需通过对报文的标志符进行滤波即可实现点对点、点对多点及全局广播等信息传送方式。

（5）节点数可根据需求灵活配置。CAN 总线理论上没有连接节点数的限制，但实际上会受总线时间延迟及电气负载限制，而随着节点的增加，通信速度下降，搭建时需要根据总线所需的通信速度合理布置节点数。

（6）系统可靠性高。CAN 总线每帧信息都有 CRC 校验及其他检错措施，错误检测校正能力强，信息错误率低。此外，CAN 总线能判断出现故障的节点，并使其暂时封闭。

（7）组网自由，具有功能扩展能力。若系统需要增加新的功能，则只需升级软件即可。

5.2.3 LIN 总线

LIN总线

LIN（Local Interconnect Network，局部连接网络）是一种辅助的串行通信总线网络，为现有汽车网络提供辅助功能，适用于对网络的带宽、性能或容错功能没有过高要求的场合。在不需要 CAN 总线的带宽和多功能的场合，比如智能传感器和制动装置之间的通信使用 LIN 总线可大大节省成本。LIN 总线基于 UART（SCI）数据格式，采用单主控制器/多从设备的模式，是 UART 中的一种特殊情况。

1. LIN 总线的组成

LIN 总线由一个主节点及一个或多个从节点组成，如图 5.8 所示。LIN 总线上的最大电子控制单元节点数为 16 个，系统中两个电子控制单元节点之间的最大距离为 40m。

图 5.8 所示的网络中有且只能有一个主节点，但可有多个从节点，从节点的通信都是依靠主节点调度的。

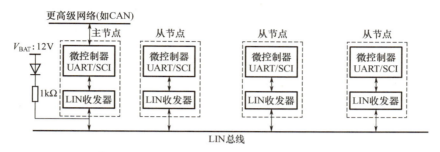

图 5.8　LIN 总线的组成

LIN 节点主要由微控制器和 LIN 收发器组成，微控制器通过 UART/SCI 接口与 LIN 收发器连接。几乎所有微控制器都具备 UART/SCI 接口，并且 LIN 收发器（如 TJA1020、MC33399 等）的 RXD、TXD 引脚可与微控制器的 RXD、TXD 引脚直接连接，无需电平转换。在 LIN 系统中加入新节点时，不需要其他从节点做任何软件或硬件的改动。LIN 与 CAN 相同，传送的信息带有一个标识符，表明该信息的意义或特征，而不是该信息传送的地址。

2. LIN 总线的特点

（1）成本低，拥有 UART 接口的微控制器即具备 LIN 接入物理硬件，极少的信号线即可实现国际标准 ISO 9141 的规定。

（2）传输速率最大可达 20kbit/s，受网络信息传输超时的限制，最小速率为 1kbit/s，最大传输距离不超过 40m。

（3）从节点不需要石英谐振器或陶瓷谐振器就能实现自同步，节省了从设备的硬件成本。

（4）保证信号传输的延迟时间及正确性。

（5）不需要改变 LIN 从节点的硬件和软件就可以在网络上增加节点。

（6）带时间同步的多点广播式发送/接收，从节点不需要石英谐振器或陶瓷谐振器。

（7）传输可靠性高，具有监控总线、数据校验和、标志符双重奇偶等错误检测功能，可保证数据传输的可靠性。

3. LIN 总线与 CAN 总线的特性区别

在车载网络中，LIN 总线处于低端，与 CAN 总线及其他 B、C 类网络相比，LIN 总线的传输速率小、结构简单、价格低，可以对其他网络形成补充辅助的作用，在对价格敏感的汽车零部件市场中比较有优势。LIN 总线与 CAN 总线的特性对比见表 5-3。

表 5-3　LIN 总线与 CAN 总线的特性对比

特性	LIN 总线	CAN 总线
工作方式	一主多从	一主多从或多主
仲裁机制	无须仲裁	采用非破坏性仲裁

续表

特性	LIN 总线	CAN 总线
物理层（数据传输线）	单线，12V	双绞线，5V
总线传输速率/（bit/s）	最大 20kbit/s，A 级网络	最大 1Mbit/s，B 级或 C 级网络
总线最远传输距离	40m	10km
信息标识符（ID）位数/bit	6	11 或 29
总线最大节点数	16	110
每帧信息数据量/Byte	2、4 或 8	0~8
错误检测	8 位累加和校验	15 位循环冗余校验（CRC）
石英/陶瓷谐振器	主节点需要，从节点不需要	每个节点都需要

5.2.4　FlexRay 总线

FlexRay 总线是一种用于汽车的高速可确定性的、具备故障容错的总线系统。汽车中的控制器件、传感器和执行器之间的数据交换主要是通过 CAN 总线进行的。新线控技术（X-By-Wire）设计思想的出现，使得汽车系统对信息传送速度尤其是故障容错与时间确定性的需求不断提高；FlexRay 总线在确定的时间槽中传送信息，以及在两个通道上传送故障容错和冗余信息，可以满足这些新要求。2006 年 FlexRay 总线首次应用于量产车，作为数据主干用于宝马 X5 的悬架系统。

1. FlexRay 总线的特点

（1）数据传输速率高。FlexRay 总线的最大传输速率可达 10Mbit/s，双通道总数据传输速率可达 20Mbit/s，因此，应用在车载网络上时，FlexRay 总线的网络带宽可以是 CAN 总线网络带宽的 20 倍。图 5.9 所示为 FlexRay 总线为双通道传输结构，如果一条通道出现故障，则可通过另一条通道传输数据。

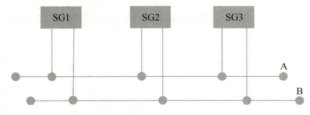

图 5.9　FlexRay 总线双通道传输结构

（2）可靠性好。具有冗余数据传输能力的总线系统使用两条相互独立的信道，每条信道都由一组双线导线组成，一条信道失灵时，该信道应传输的信息可在另一条没有发生故障的信道上传输。此外，总线监护器进一步提高了通信的可靠性。

（3）确定性好。可确保时间触发区域内的每条信息都实现实时传输。

（4）灵活性好。灵活性好是 FlexRay 总线的突出特点，体现在以下方面：支持多种方式的网络拓扑结构，点对点连接、串级连接、主动星形连接、混合型连接等；信息长度可配置，可根据实际控制需求设定相应的数据载荷长度；双通道拓扑既可用于增大带宽，又可用于传输冗余信息；周期内静态信息和动态信息传输部分的时间都可随具体应用改变。

2. FlexRay 总线的应用

（1）替代 CAN 总线。FlexRay 总线数据传输速率远超过 CAN 总线的最大数据传输速率，可用其替代多条 CAN 总线。

（2）用作主干网络。FlexRay 总线数据传输速率高，并且支持多种拓扑结构，非常适用于汽车主干网络，连接多个独立网络。

（3）用于分布式测控系统。分布式测控系统用户要求确切知道消息到达时间，并且消息周期偏差非常小。

（4）用于高安全性要求的系统。FlexRay 总线本身不能确保系统安全，但它具备很多功能以支持面向安全的系统设计。

5.2.5 MOST 总线

MOST（Media Oriented System Transport，多媒体定向系统传输）总线是汽车中用于多媒体数据传输的一种网络系统。随着车载娱乐系统及汽车其他音视频数据传输技术（如倒车影像技术）的发展，现有的很多车载网络（如 CAN 总线、FlexRay 总线）在传输速率上已无法满足这些实时数据传输量巨大的功能需求，车用电子系统越来越需要多媒体式的数据传输，MOST 总线可以满足这些需求。

MOST 总线利用一根光纤，最多可同时传输 15 个频道 CD 质量的非压缩音频数据；在同一个局域网上，最多可连接 64 个节点。

1. MOST 总线数据类型

在 MOST 总线传输的信息有以下三种类型。

（1）同步数据：同时传输音频信号、视频信号等的流动数据。

（2）异步数据：传送访问网络及访问数据库等数据包的数据。

（3）控制数据：传送控制报文及控制整个网络的数据。

2. MOST 总线控制原理

MOST 总线采用环形结构，以奥迪 A6 为例，如图 5.10 所示。电子控制单元通过光纤沿环形方向将数据发送到下一个电子控制单元，该过程持续进行，直到最先发出数据的电子控制单元接收到这些数据为止，形成一个封闭环。

3. MOST 总线的特点

（1）成本低，数据传输速率可达 24.8Mbit/s。

（2）支持声音和压缩图像的实时处理。

（3）支持数据同步传输和异步传输。

（4）支持多种网络连接方式。

（5）应用系统界面简洁。

智能网联汽车技术基础

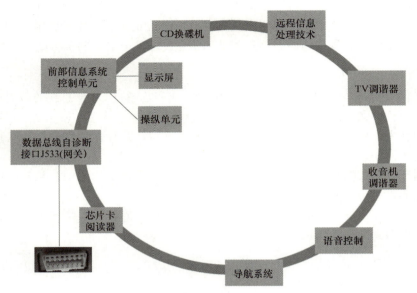

图 5.10　奥迪 A6 的 MOST 总线结构

5.2.6　以太网

随着汽车科技化、智能化、网络化的发展，ADAS、高清车载娱乐系统、车联网系统、云服务及大数据等新兴技术在汽车上的应用，现有车载总线已无法满足当前需求，亟需一种带宽大、可开放、可扩展、兼容性强、网络聚合便捷，同时满足车载严格法规要求、车载电气环境、高可靠性要求的车载网络。因此，一种新型车载网络——车载以太网应运而生。车载以太网是一种连接车内电子单元的新型局域网技术，与普通民用以太网使用 4 对非屏蔽双绞线电缆不同，车载以太网在单对非屏蔽双绞线上可实现 100Mbit/s 甚至 1Gbit/s 的数据传输速率，同时满足汽车行业高可靠性、低电磁辐射、低功耗、带宽分配、低延迟、同步实时性等方面的要求。

1. 以太网模型

以太网在 OSI 模型中由物理层、数据链路层、网络层、传输层、会话层、表示层和应用层组成，如图 5.11 所示。

以太网

应用层	SOME/IP 协议	XCP 协议	DoIP 协议	AVB 协议
表示层				
会话层				
传输层	TCP 协议/UDP 协议			
网络层	IPv4/IPv6 协议			
数据链路层	IEEE 以太网 MAC+VLAN			
物理层	以太网物理层 BroadR-Reach, IEEE 100 Base-TX/IEEE 1000Base-T			

图 5.11　以太网在 OSI 模型中的组成

(1) 物理层。

参照 OSI 模型，车载以太网在物理层（第 1 层和第 2 层）采用了博通公司的 BroadR-Reach 技术，BroadR-Reach 的物理层（PHY）技术由一对以太网联盟推动，因此有时也称 OPEN 联盟 BroadR-Reach（OABR）。

BroadR-Reach 提供标准以太网的 MAC 层接口，因而能够使用与其他以太网类型相同的数据链路层逻辑功能及帧格式，能够通过与其他以太网类型相同的方式运行高层协议和软件。

BroadR-Reach 支持全双工通信，可使一条链路上的两个车载以太网节点同时发送和接收数据。BroadR-Reach 利用先进的数字信号处理技术实现一条链路上的两个节点同时在该链路中发送和接收数据，包括使用混合电缆等特殊设备和回音抵消等技术，使各以太网节点能够区分发送和接收的数据。

(2) AVB 协议簇。

AVB（Ethernet Audio Video Bridging，以太网音视频桥接技术）协议簇是 IEEE 802.1 任务组制定的一套基于新的以太网架构的用于实时音视频的传输协议集。

AVB 协议簇包括为精准时钟定时和同步协议（Precision Time Protocol，PTP）、流预留协议（Stream Reservation Protocol，SRP）、时间敏感流的转发和排队协议（Forwarding and Queuing for Fime-Sensitive Streams，FQTSS）及音视频传输协议（Audio Video Bridging Transport Protocol，AVBTP）。其中，车载以太网中为了降低时延，一般不会动态预留带宽，所以暂且不用考虑 SRP 产生的时延；而其余三个协议主要是流量调度产生的时延（干扰迟滞）和时钟同步产生的时延。

AVB 不仅可以传输音频，而且可以传输视频。用于音频传输时，在 1G 的网络中，AVB 会自动通过带宽预留协议将其中 750M 的带宽用来传输双向 420 通道高质量、无压缩的专业音频，剩下的 250M 带宽仍然可以传输一些非实时网络数据。用于视频传输时，可以根据具体应用调节预留带宽。比如 750M 带宽可以轻松传输高清 Full HD 视觉无损的视频信号，并且可以在 AVB 网络中任意路由。

(3) TCP/IP 协议簇。

TCP/IP 协议簇对应 OSI 模型的传输层，是网络结构的中心部分，是下方硬件相关层和上方软件处理层的重要连接点。

TCP/IP 协议提供一些重要的服务以使高层的软件应用在互联网络中起作用，充当高层应用需求与网络层协议之间的桥梁。TCP/IP 协议主要负责主机与主机之间的端到端通信。两个关键的传输协议为用户数据报协议（UDP）和传输控制协议（TCP）。

(4) 应用层协议。

应用层协议是用户与网络的交互界面，负责处理网络特定的细节信息，覆盖了 OSI 模型的第 5~7 层。

应用层可根据用户需求为用户提供多种应用协议，如基于 IP 的面向服务中间件协议（SOME/IP）、标定测试协议（XCP）、诊断协议（DoIP）、流媒体服务（Stream Media Service）、设备发现、连接管理和控制协议（IEEE 1722.1—2013）等。

2. 以太网的应用

以太网以通用性、开放性、高带宽、易扩展、易互联等特性，成为一种新型车载网络，目前可预期的发展可分为以下三个阶段。

第一阶段：子系统级别（图5.12）。

单独在某个子系统使用以太网，该阶段的产品已在整车上实施，如基于DoIP标准的OBD设备；或已有实例应用，使用IP摄像头的辅助驾驶系统，如图5.12所示。

第二阶段：架构级别（图5.13）。

整合多个子系统功能，形成一个拥有功能集合的小系统，将多媒体、ADAS和诊断界面结合在一起，融合了传感器、360°全景摄像头和雷达等多种数据。因为可以保证更高的带宽和更低的延迟，所以摄像头可采用分辨率更高的未压缩数据传输，以避免由失真导致障碍物检测失败。

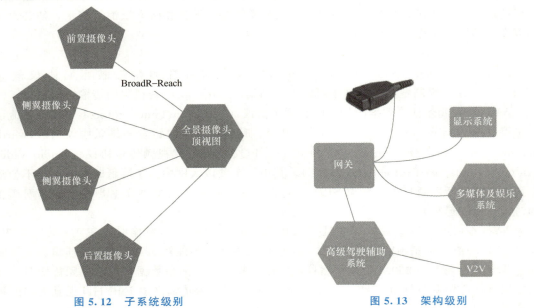

图5.12 子系统级别   图5.13 架构级别

第三阶段：域级别（图5.14）。

前两个阶段专注于一个特定的应用领域，第三阶段以以太网为车载网络骨干，集成ADAS、车身控制、动力总成、底盘控制、娱乐系统，形成一个域级别的汽车网络。

ADAS可以利用以太网传输高清摄像头和高精度雷达采集的数据，娱乐系统可以利用以太网传输视频和音频数据，汽车相关数据（汽车状态、道路环境等）可以通过远程信息处理模块或者V2X传输到外部云端。

3. 以太网的特点

（1）数据传输速率高：以太网的最高传输速率为10Gbit/s，并且还在提高，比任何一种现场总线都高。

（2）应用广泛：以太网是一种标准的开放式网络，不同企业的设备很容易互联。

（3）容易与信息网络集成，有利于资源共享：由于具有相同的通信协议，因此以太网能与Internet无缝连接，方便汽车网络与地面网络的通信。

（4）支持多种物理介质和拓扑结构：以太网支持多种传输介质，包括同轴电缆、双绞线、光缆、无线等，用户可根据带宽、距离、价格等因素进行选择。

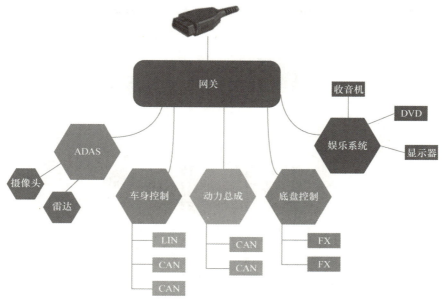

图 5.14 域级别

(5) 软硬件资源丰富：大量软件资源和设计经验可以显著降低系统的开发成本，加快系统的开发速度和推广速度。

(6) 可持续发展潜力大：车载网络采用以太网，可以避免发展游离于计算机网络技术的发展主流之外，使车载网络与信息网络技术相互促进、共同发展。

5.3 车载自组织网络

车载自组织网络是一种通过短距通信技术实现汽车节点间及汽车节点与路侧单元（Road Side Unite，RSU）连接的专用网络。在车载自组织网络中，汽车节点装备车载通信单元，可以与其他汽车节点或者路边基础设施通信。通过汽车与汽车和汽车与路测设施之间的信息交换，汽车节点可以实时感知周围视距和非视距范围内的汽车信息、环境信息及服务信息，辅助驾驶人行车、规避风险、提高驾驶体验。

5.3.1 车载自组织网络通信类型

车载自组织网络的基本思想是实现汽车与汽车之间、汽车与 RSU 之间的无线多跳自组织通信。在车载自组织网络中，各汽车节点都具有路由器和收发器的功能，处于通信网络内的汽车节点可以采用多跳方式相互发送数据，交换各自携带的消息，并在汽车与汽车之间、汽车与 RSU 之间自动搭建起一个移动自发临时的网络。

如图 5.15 所示，车载自组织网络有三种通信类型：汽车与汽车之间的通信（Vehicle to Vehicle，V2V）、汽车与 RSU 之间的通信（Vehicle to Infrastructure，V2I）和混合式通信。

车载自组织网络通信类型

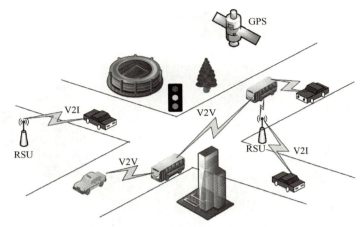

图 5.15　车载自组织网络通信类型

V2V 是汽车间自组织形成的车载网络，汽车与汽车之间通过多跳方式通信，从而进行暂时的数据通信，提供行车信息、行车安全等服务。

V2I 利用 RSU 进行汽车与汽车之间的通信，在该网络中汽车通过与 RSU 进行通信向目的汽车传递消息，同时要求每辆汽车至少属于一个 RSU 覆盖范围。

混合式通信是前两种通信模式的混合，汽车可以与周围汽车通过多跳方式进行通信，也可以通过 RSU 进行通信，汽车可以根据实际情况进行选择。

5.3.2　车载自组织网络通信方式

车载自组织网络通信方式主要有专用短程通信（Dedicated Short Range Communication，DSRC）、蜂窝网络通信（Cellular Network Communication）、混合网络架构（Hybrid Networking Architecture）、信息中心网络（Information Centric Networking，ICN）、车载云网络（Vehicular Cloud Networking）。其中，DSRC 是基于 IEEE 802.11p 标准的；蜂窝网络通信是基于 3GPP LTE 协议的；混合网络架构是集成 DSRC 和蜂窝网络通信的混合解决方案，能更好地发挥这两种技术的优势；ICN 和车载云网络是更高层网络架构的解决方案，其中 ICN 是将内容的定位器和内容标识符分开的一种网络，车载云网络是移动云计算考虑车载应用的特点，在车载生态系统中的扩展，并应用于车载应用中。目前国内主要采用蜂窝网络通信，而国外主要采用 DSRC。

1. DSRC

DSRC 是指一种无线通信技术，负责在车路及汽车与汽车之间建立信息的双向传输，支持公共安全和私有操作。DSRC 能够提供高速的数据传输，并且能保证通信链路的低延时和系统的可靠性，是专门用于汽车通信的技术。

（1）DSRC 的参考架构。

DSRC 的参考架构如图 5.16 所示。汽车与汽车之间及汽车与 RSU 之间通过 DSRC 进行信息交互。DSRC 包含物理层、媒体访问控制层（MAC）、网络层和应用层。

物理层：建立、保持和释放专用短程通信网络数据传输通路的物理连接的层，是协议栈的最底层。

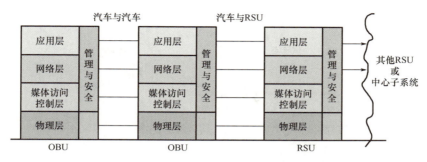

图 5.16　DSRC 的参考架构

媒体访问控制层：提供短程通信网络节点寻址及接入共享通信媒体的控制方式的层，位于物理层之上。

网络层：实现网络拓扑控制、数据路由及设备的数据传送和应用的通信服务手段的层，位于媒体访问控制层之上。

应用层：向用户提供各类应用及服务手段的层，位于网络层之上。

车载单元的媒体访问控制层和物理层负责处理汽车与汽车之间、汽车与 RSU 之间的 DSRC 连接的建立、维护和信息传输；应用层和网络层负责把各种服务和应用信息传递到 RSU 及车载单元上，并通过车载子系统与用户进行交互；管理和安全功能覆盖 DSRC 整个框架。

（2）DSRC 的特点。

① 通信距离一般为 10～30m。

② 工作频段：ISM 5.8GHz、ISM 915MHz、ISM 2.45GHz。

③ 通信速率：500kbit/s、250kbit/s，能承载大宽带的车载应用信息。

④ 完善的加密通信机制：支持 3DES、RSA 算法；高安全性数据传输机制，支持双向认证及加/解密。

⑤ 应用领域宽广：不停车收费、出入控制、车队管理、车辆识别、信息服务等。

⑥ 具备统一的国家标准，各种产品之间的互换性、兼容性强。

⑦ 具备丰富的技术支持，产品多样化、专业化。

（3）DSRC 的应用。

在采用 DSRC 的系统中，汽车上装备有 OBU，相当于移动终端；并且 OBU 有比较强的数据处理能力，可以满足 DSRC 的特定需要。一般在路边部署 RSU，与 OBU 相比，RSU 除了具有基本通信功能外，还拥有一定的管理功能，并且接入后备网络。车载 DSRC 主要包括 V2I 通信和 V2V 通信两种通信方式。V2I 通信是汽车与 RSU 之间的通信，属于移动节点与固定节点的通信，采用基于一跳的 Ad Hoc 网络模型；V2V 通信是汽车与汽车之间的通信，采用基于多跳的 Ad Hoc 网络模型。两种通信方式应用于不同领域。

① V2I 通信主要面向非安全性应用，以不停车收费系统（Electronic Toll Collection，ETC）为代表，如图 5.17 所示。它是一种应用于公路、大桥和隧道的电子自动收费系统。汽车经过特定的 ETC 车道，通过 OBU 与 RSU 的通信，不需要停车和收费人员采取任何操作，能自动完成收费过程。ETC 能大大提高高速公路的通行能力，提高服务水平，简化收费过程，节约成本，符合我国发展现状。

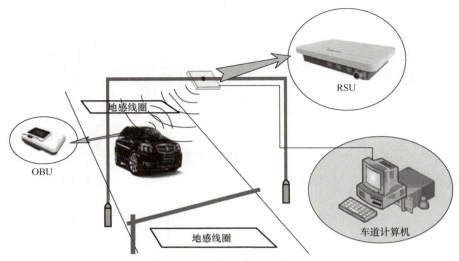

图 5.17　ETC 通信方式

除了已经比较成熟的 ETC 外，基于 V2I 通信的 DSRC 还可以用于电子地图的下载和交通调度等。RSU 接入后备网络与当地的交通信息网或 Internet 相连，通过 OBU 与 RSU 的通信获得电子地图和路况信息等，从而可以选择最优路线，缓解交通拥堵。

② V2V 通信主要用于汽车的主动安全方面。将 DSRC 应用于交通安全领域，能够提高交通的安全系数，减少交通事故，降低直接和非直接的经济损失，减少地面交通网络的堵塞。当前面汽车检测到障碍物或车祸等情况时，向后发送碰撞警告信息，提醒后面汽车潜在的危险。另外，路边紧急停车的汽车向靠近自己的汽车发送警告消息，提醒它们不要进入危险区域。V2V 的应用还包括转弯速度控制、车队管理和安全超车等。紧急制动警告如图 5.18 所示。

图 5.18　紧急制动警告

2. LTE-V

随着蜂窝网络通信技术的发展,其扮演的角色越来越重要,于是引入了基于蜂窝网络的 V2X 技术——C-V2X。它包含基于 LTE 网络的 LTE-V2X 和基于 5G 网络的 NR-V2X。

LTE-V 是基于通信运营商建立起来的,以 LTE 蜂窝网络作为 V2X 的基础。LTE-V2X 能重复使用现有蜂巢式基础建设与频谱,运营商不需要布建专用的 RSU 及提供专用频谱。LTE-V2X 主要解决交通实体之间的"共享传感"(Sensor Sharing)问题,可将车载探测系统(如雷达、摄像头)从数十米视距范围扩展到数百米以上非视距范围,成倍提高车载 AI 的效能,实现在相对简单的交通场景下的辅助驾驶。

(1)LTE-V 的系统架构。

LTE-V 的系统架构如图 5.19 所示。

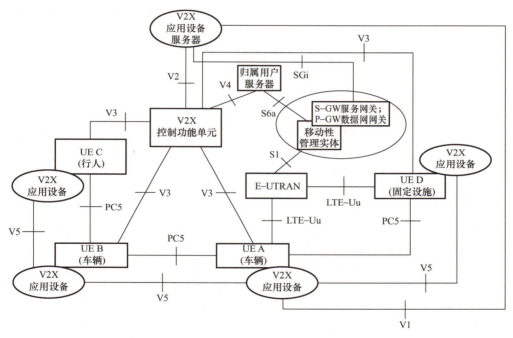

图 5.19 LTE-V 的系统架构

① V1:UE 的 V2X 应用设备与 V2X 应用设备服务器之间的参考节点,不在 3GPP 协议讨论的范围内。

② V2:运营商网络内部 V2X 应用设备服务器与 V2X 控制功能单元之间的参考节点。V2X 应用设备服务器可能连接多个不同 PLMN 的 V2X 控制功能单元。

③ V3:UE 与 HPLMN 内的 V2X 控制功能单元之间的参考节点。基于 TS 23.303 的 PC3 参考节点中的业务鉴权相关部分的内容,既可用于基于 PC5 和 LTE-Uu 的 V2X 通信,又可用于基于 MBMS 和 LTE-Uu 的 V2X 通信。

④ V4:运营商网络内部 HSS 与 V2X 控制功能单元之间的参考节点。

⑤ V5:不同 UE 的 V2X 应用设备之间的参考节点,不在 3GPP 协议讨论的范围内。

⑥ V6:HPLMN 与 VPLMN 的 V2X 控制功能单元之间的参考节点。

⑦ PC5：不同 UE 间 V2X 直接通信的用户面参考节点。

⑧ V2X 控制功能单元：用于处理与 V2X 相关的网络行为的逻辑功能实体。3GPP 目前版本中假定每个 PLMN 只包含一个 V2X 控制功能单元。V2X 控制功能单元主要用于配置 UE 使用 V2X 通信所必要的参数（包括目标层 ID、无线资源参数、V2X 应用设备服务器地址信息，这些参数可以预配置给 UE，或者如果在覆盖范围内，可以通过 V3 参考节点以信令发送）。也就是说，V2X 控制功能单元可以为 UE 提供在特定 PLMN 中允许 UE 使用 V2X 的特定参数信息，也可以在 UE 不在 E-UTRAN 服务区时提供必要的参数；还可以帮助 UE 获取 V2X USD（用户业务描述），从而基于 V2X 业务通过 V2 参考节点从 V2X 应用设备服务器接收 MBMS 消息。

(2) LTE-V 的特点。

LTE-V 作为 V2X 技术的一种实现手段，具有以下显著特点。

① 支持低时延直接通信，无须依赖网络协助。LTE-V 包括两种互补的传输模式：直接通信模式［车对车（V2V）、车对行人（V2P）、车对基础设置（V2I）］和基于网络的通信模式［车对网络（V2N）］。直接通信模式基于卫星的时间同步，可自主管理直接通信，并且无须成为蜂窝用户。

② 运行于面向安全应用的智能交通系统（Intelligent Transport System，ITS）5.9GHz 统一频谱。5.9GHz 频段对智能交通、车联网行业开放，频段使用没有排他性。

③ 支持高速汽车场景，支持高达 500km/h 的相对速度。面向高速移动场景是蜂窝网络与生俱来的优势，LTE-V 支持高达 500km/h 的相对速度。相对来看，当汽车速度达到 200km/h 时，DSRC 信号衰减加快，因此它并不适用于高速场景。

④ 遵循 3GPP 协议的严格最小性能要求，因此技术安全性更高且性能可预期。

⑤ 在任何密度的部署场景中都可提供更佳覆盖范围及更可靠的通信。经过验证，即使是与 IEEE 802.11p 的最佳表现相比，LTE-V 的性能也很优秀。LTE-V 满足 3GPP 协议的严格的最小性能要求，而 IEEE 802.11p 性能因厂商而异。

⑥ 即使在缺乏卫星/全球导航卫星系统的情况下，LTE-V 也可稳健同步。

⑦ 充分利用针对 ITS-G5/DSRC 上层协议的投入。LTE-V 重用汽车行业定义的上层协议，重用已有的 DSRC/C-ITS 服务层和应用层及现有的安全层和传输层。

⑧ 与其他 V2X 技术相比，更具成本效益。在网络部署方面，LTE-V 与蜂窝网络的协同效应可降低部署成本，与 RSU 和 4G/5G 基础设施及其回传链路结合，不需要单独建站部署。C-V2X 还是一项具有清晰 5G 演进路径并与 5G 前向兼容的 V2X 技术。

(3) DSRC 与 LTE-V 的对比。

DSRC 与 LTE-V 的对比见表 5-4。

表 5-4　DSRC 与 LTE-V 的对比

项目	DSRC	LTE-V Uu	LTE-V PC5
传输速率/（Mbit/s）	27	500	12
传输距离/m	200～500	1000	500～600
时延/ms	<50	E2E 延时约为 100	<50
最高车速/（km/h）	200	500	500

续表

项目	DSRC	LTE-V Uu	LTE-V PC5
网络部署	需部署 RSU	基于现网基站	现网基站升级
技术成熟度	相对成熟，部分商用	技术成熟	相对成熟，验证中
商业模式	无法闭环，RSU 及其服务买单方不明确	商业模式成熟	依托 LTE 网络，商业模式相对成熟
主要支持者	NXP	华为、爱立信、大唐等	
商用时间	2017 年美国商业试用	2019 年启动商用	

5.3.3 车载自组织网络的特点

（1）节点速度变化大。节点速度为 0～200km/h。节点速度很快时对应用程序的影响也很大，比如速度太快导致即时环境变化太快，使得对环境感知的应用变得困难。而在节点几乎不移动的情况下，网络拓扑相对稳定。然而，汽车的缓慢移动意味着汽车密度很大，出现干扰多、介质接入等问题。

（2）运动模式多变。汽车是在预定义的道路上行驶的，一般情况下有两个行驶方向。在十字路口时，汽车的行驶方向具有不确定性。将道路分为城市道路、高速公路和乡村道路三种类型。在城市道路下，交通流非常无序；高速公路上的汽车速度快，几乎整个运动都处于一维情况；乡村道路上很难形成连通的网络。

（3）节点密度。在相同的无线通信范围内，可能存在几十辆甚至上百辆汽车。当节点密度非常小时，几乎不可能完成瞬时消息转发，需要更复杂的消息传播机制，可以先存储信息，并在汽车相遇时转发信息，使一些信息被同一辆汽车重复多次；当节点密度很大时，信息只可能被选定的节点重复，否则会导致重载信道。节点密度还与时间相关。在白天，高速公路和城市道路的节点密度较大，足以实现瞬时转发，有足够的时间使路由处理分段网络；但在夜间，无论是哪种道路，汽车都很少。

（4）节点异构性。在车载自组织网络中，节点有许多种类。汽车可以进一步分为公共汽车、私家车、出租车、救护车、道路建设和维修车辆等，并不是每辆汽车都要安装所有应用。例如，上述车辆中只有救护车需要安装能够在行驶路线上发出警告的应用。RSU 可以简单地向网络发送数据，或者拥有自组织网络的完整功能。此外，RSU 节点可以访问背景网络，如向交通管理中心报告道路状况。

（5）可预测的运动性。尽管汽车节点的运行规律比较复杂，但汽车有一定的运动趋势，在一定程度上仍然是可以预测的。在高速公路上，根据汽车所处的车道、实时的道路状况及汽车自身的速度和方向，可以推测出汽车在随后短时间内的运动趋势。

5.4 车载移动互联网

移动互联网是以移动网络作为接入网络的互联网及服务，包括移动终端、移动网络和应用服务三个要素。

移动互联网包含两方面的含义：一方面，移动互联网是移动通信网络与互联网的融合，用户以移动终端接入无线移动通信网络、无线城域网、无线局域网等方式访问互联网；另一方面，移动互联网产生了大量新型应用，这些应用与终端的可移动、可定位和随身携带等特性结合，为用户提供个性化、位置相关的服务。移动互联网如图5.20所示。

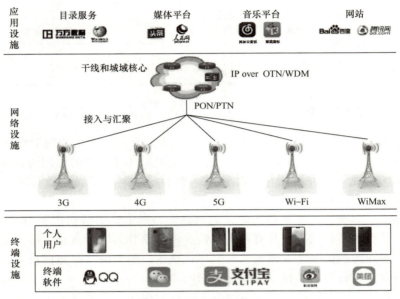

图 5.20 移动互联网

车载移动互联网是基于远距离通信技术构建的汽车与互联网连接的网络，实现汽车信息与各种服务信息的传输，使智能网联汽车用户能够开展商务办公、信息娱乐服务等。

5.4.1 车载移动互联网的组成

车载移动互联网先通过短距离通信技术在汽车内建立无线个域网或无线局域网，通过4G/5G技术与互联网连接。车载移动互联网的组成如图5.21所示。

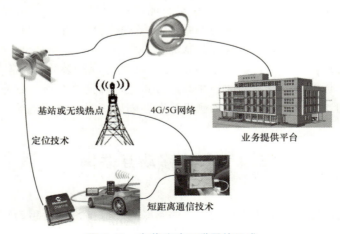

图 5.21 车载移动互联网的组成

5.4.2 移动互联网的接入方式

移动互联网的接入方式主要有无线个域网、无线局域网、无线城域网、蜂窝网络（4G/5G 网络）和卫星通信网络等。

1. 无线个域网

无线个域网如图 5.22 所示，是采用红外、蓝牙等技术构成的覆盖范围更小的局域网，有蓝牙、ZigBee、UWB、IrDA、RFID、NFC 等。其优点是功耗低、成本低、体积小等；缺点是覆盖范围小。

图 5.22 无线个域网

2. 无线局域网

无线局域网如图 5.23 所示，是以无线或无线与有线结合的方式构成的局域网，如 Wi-Fi。无线局域网的优点是布网便捷、可操作性强、网络易扩展等；缺点是性能、速率和安全性存在不足。

图 5.23 无线局域网

3. 无线城域网

无线城域网如图 5.24 所示，以微波等无线传输为介质，提供同城数据高速传输、多媒体通信业务和互联网接入服务等。其优点是传输距离长、覆盖面积大、接入速度快、高效、灵活、经济、具有较完备的服务质量（Quality of Service，QoS）机制等；缺点是暂不支持用户在移动过程中实现无缝切换。

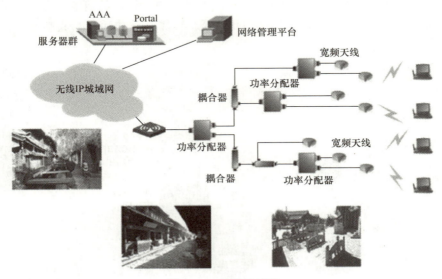

图 5.24　无线城域网

4. 蜂窝网络

图 5.25 所示的蜂窝网络由移动站、基站子系统、网络子系统组成，采用 4G/5G 网络作为无线组网方式，通过无线信道连接移动终端和网络设备。

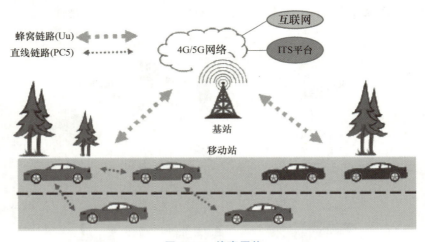

图 5.25　蜂窝网络

5. 卫星通信网络

卫星通信网络如图 5.26 所示，主要由地面微波中继通信和通信卫星组成，通信卫星相当于太空中的微波中继站。

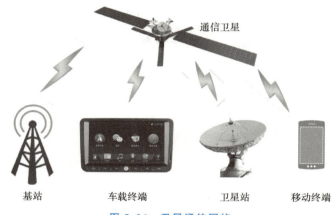

图 5.26　卫星通信网络

卫星通信网络的特点如下。

(1) 覆盖范围大。卫星在太空中发出的信号能覆盖地面很大的范围，在覆盖面积下，所有地面通信终端都可与之通信，便于多址连接。

(2) 通信容量大，通信线路稳定可靠。由于卫星通信采用微波频段，可供使用频段范围较宽，同时具备大容量数据传输能力（载频带宽较大），一般在数百兆赫兹以上，因此适用于多种业务传输。信号在太空近乎真空环境下传播时比较稳定，而且受地面环境影响小，通信质量稳定可靠。

(3) 设备成本较高。由于卫星与地面通信距离较长，传播损耗大，因此为保证信息质量，需要高增益的天线、高功率发射机、低噪声的接收设备和高灵敏度的调解器等，从而提高了使用成本。

(4) 有较大的通信延时。在地球静止卫星通信系统中，卫星站之间的单程传输时长为 0.27s，进行双向通信时，往返的传输时延约为 0.54s。

5.4.3　移动互联网通信的特点

(1) 终端移动性。用户可以在移动状态下接入和使用互联网服务，移动的终端便于用户随身携带和随时使用。

(2) 业务及时性。用户使用移动互联网能够随时随地获取自身或其他终端的信息，及时获取所需的服务和数据。

(3) 服务便利性。受移动终端的限制，要求移动互联网服务操作简便、响应时间短。

(4) 业务/终端/网络的强关联性。移动互联网服务需要同时具备移动终端、接入网络和运营商提供的业务三个基本条件。

(5) 终端和网络的局限性。在网络性能方面，受无线网络传输环境、技术能力等因素的限制；在终端性能方面，受终端尺寸、处理能力、电池容量等的限制。

智能网联汽车技术基础

1. 智能网联汽车由哪些网络构成？各有什么特点？
2. 车载网络根据数据的传输能力可以分为哪些类型？
3. 简述 CAN 总线发送数据和接收数据的流程。
4. 简述 CAN 总线、LIN 总线、FlexRay 总线和 MOST 总线的特点。
5. 简述以太网的特点。
6. 简述 DSRC 和 LTE-V 的特点。
7. 简述车载自组织网络和移动互联网通信的特点。
8. 简述移动互联网的接入方式。

第 6 章
决策规划与运动控制

 教学目标

1. 熟悉行为决策的概念和类型。
2. 掌握有限状态机。
3. 熟悉全局路径规划及局部路径规划的概念和区别。
4. 掌握 A* 算法。
5. 掌握线控转向、线控制动和线控节气门的工作原理。
6. 熟悉横向控制及纵向控制的概念和控制方法。

 教学要求

知识要点	能力要求	相关知识
行为决策	熟悉决策规划的概念和类型；掌握基于有限状态机的行为决策系统；了解基于学习的行为决策系统	行为决策的概念和类型；基于规则的行为决策算法；基于学习的行为决策
路径规划	熟悉全局路径规划及局部路径规划的概念和区别；了解环境地图的表示方法；了解路径规划的算法；掌握 A* 算法	全局路径规划和局部路径规划的概念；环境地图的表示方法；A* 算法；轨迹规划和速度规划的概念
运动控制	掌握线控转向、线控制动和线控节气门的工作原理；熟悉横向控制及纵向控制的概念和控制方法	线控转向系统；线控制动系统；线控节气门；横向控制及纵向控制的概念和控制方法

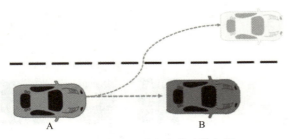

图 6.1 智能网联汽车的决策规划

决策规划是智能网联汽车的关键技术之一，决定了汽车在行驶过程中的顺畅程度、准确地完成各种驾驶行为。如图 6.1 所示，B 车在 A 车的前面行驶，如果 B 车的速度比 A 车的速度慢，A 车可以选择减慢速度，跟随 B 车或换道超越 B 车。选择换道或继续跟车就是智能驾驶的决策问题。如果选择换道，如何换道、沿哪条路径换道、以何种速度换道就是智能驾驶的路径规划问题。根据规划的路径和行为决策确定驾驶模式，按照特定的动作跟踪轨迹，并向执行模块发送相应的动作规划，控制转向、驾驶和制动，就是汽车的运动控制。

6.1　行　为　决　策

智能网联汽车的行为决策就是通过汽车传感器感知的交通环境信息，考虑环境、动/静态障碍物，以及汽车汇入与让行规则，与智能驾驶行为知识库中的各种决策知识和经验进行匹配，选择适合当前道路交通环境的驾驶行为。决策模块在宏观上决定了无人车的行驶方法，宏观层面的决策包括道路上的正常跟车、遇到交通信号灯和行人时的等待避让以及在路口与其他车辆交互通过等。

6.1.1　行为决策系统的分类

智能网联汽车根据横、纵向驾驶行为可以分为横向决策与纵向决策两种类型。横向决策就是驾驶行为推理问题，表示车道级的驾驶行为选择过程，如换道、车道保持等行为之间的选择问题；纵向决策就是速度决策问题，是基于横向决策（如加速、减速或保持匀速等）的决策问题。根据决策对象，智能网联汽车行为决策可以分为本车行为决策和其他车辆驾驶行为识别与预测。根据算法，智能网联汽车行为决策可以分为基于规则的行为决策和基于学习的行为决策。

基于规则的行为决策，即对无人驾驶汽车的行为进行划分，根据行驶规则、知识、经验、交通法规等建立行为规则库，根据不同的环境信息划分汽车状态，按照规则逻辑确定汽车行为。其代表方法为有限状态机（Finite-State Machine，FSM）。

基于学习的行为决策，即通过自主学习环境样本，由数据驱动建立行为规则库，利用不同的学习方法与网络结构，根据不同的环境信息直接进行行为匹配，输出决策行为。其代表方法有深度学习的相关方法及决策树等各类机器学习方法。

6.1.2　基于有限状态机的行为决策系统

1. 有限状态机

基于规则的行为决策中最具代表性的是有限状态机，其因逻辑清晰、实用性强等特点得到广泛应用。有限状态机是一种离散输入、输出系统的数学模型，它只对特定的外界输入产生有限数量的响应。有限状态机只能构造有限数量的状态,外界的输入只能让状态机在有限的状态中从一个状态跳转到另一个状态。

有限状态机的核心是状态分解。根据状态分解的连接逻辑,有限状态机有三种结构,如图 6.2 所示,状态与状态直接通过转移函数判断得到。

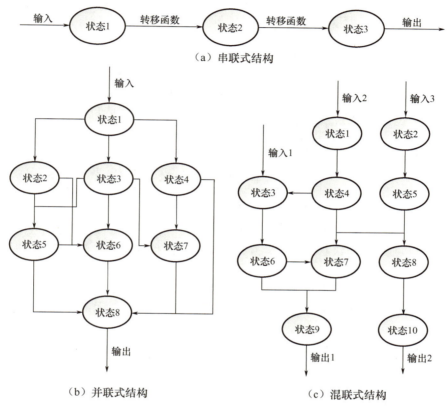

图 6.2　有限状态机的结构

串联式结构的有限状态机系统,其子状态按照串联结构连接,状态转移大多为单向,不构成环路。串联式结构的优点是逻辑明确、规划推理能力强、问题求解精度高;缺点是对复杂问题的适应性差,某子状态发生故障时,会导致整个决策链瘫痪。串联式结构适用于某工况的具体处理,擅长任务的层级推理与细分解决。

并联式结构中各子状态输入、输出呈现多节点连接结构,根据不同的输入信息,可直接进入不同子状态进行处理并提供输出。与串联式结构相比,并联式结构的优点是具备场景遍历广度优势,易实现复杂的功能组合,具有较好的模块性与拓展性;缺点是不具备时序性,缺乏场景遍历的深度,决策易忽略细微环境变化,状态划分灰色地带难以处理,从而导致决策错误。并联式结构适用于场景较复杂的工况。

混联式结构既存在串联连接又存在并联连接,可较好地结合串联式结构和并联式结构的优点。

2. 基于有限状态机的行为决策系统

有限状态机是经典的决策方法,因具备实用性与稳定性而在无人车决策系统中应用广泛，目前已比较成熟。

斯坦福大学与大众公司研发的 Junior 无人车在 2007 年参加 DARPA 城市挑战赛时获得了第二名。它的行为决策系统结构如图 6.3 所示，其为典型的并联式结构。该系统分为初始化、前向行驶、停止标志前等待、路口通过、U 形弯前停止、U 形弯通过、越过实线行驶、自主泊车、结束等 13 个子状态，图中只标出 9 个，有 4 个未标出，各子状态相互独立。

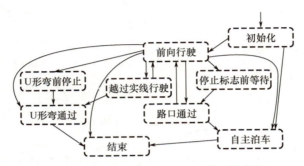

图 6.3　Junior 无人车的行为决策系统结构

初始化：在无人车出发之前确定其在地图中的位置。

前向行驶：是一个超级状态，包含直行、车道保持和避障，当不在停车场时，是状态机首选状态。

停止标志前等待：当无人车在停车标志等待时，进入此状态。

路口通过：在该状态下无人车处理十字路口通过这一场景，无人车会等待到确认能够安全通过。

U 形弯前停止：在 U 形弯掉头前的状态。

U 形弯通过：在 U 形弯掉头时的状态。

越过实线行驶：跨过黄线行驶。

自主泊车：停车场内的普通驾驶模式。

结束：当 DARPA 城市挑战赛结束时，无人车进入该状态。

3. 基于学习算法的无人车行为决策系统

近年来，人工智能技术发展迅猛，学习算法越来越多地应用于无人车环境感知与决策系统。

基于学习算法的无人车行为决策系统研究已取得显著成果，根据不同原理主要可分为深度学习相关的决策系统与基于决策树等机器学习理论的决策系统，典型示例有 NVIDIA 端到端卷积神经网络决策系统与中国科学技术大学应用的 ID3 决策树法。

深度学习方法在建模现实问题上具有极强的灵活性，近年来被许多专家、学者应用于无人车决策系统。NVIDIA 研发的无人车系统采用端到端卷积神经网络进行决策处理，使决策系统大幅简化。系统直接输入由相机获得的各帧图像，经神经网络决策后直接输出汽车目标转向盘转角。

NVIDIA 无人车系统使用 NVIDIA DevBox 处理器，用机器学习库 Torch 7 作为框架进行训练，如图 6.4 所示，工作时每秒处理 30 帧数据。图像输入卷积神经网络（Convolutional Neural Network，CNN）后计算转向控制命令，将预测的转向控制命令与理想的控制命令进行比较，再调整 CNN 模型的权值，使得预测值尽可能接近理想值。权值调整由 Torch 7 的反向传播算法完成。训练完成后，模型可以利用中心的单个摄像机数据生成转向控制命令。

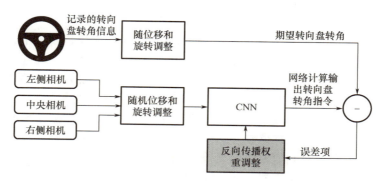

图 6.4　NVIDIA 无人车系统训练框架

NVIDIA 无人车深度学习系统网络结构如图 6.5 所示，共 9 层，包括 1 个归一化层、5 个卷积层和 3 个全连接层。输入图像被映射到 YUV 颜色空间，再传入网络。

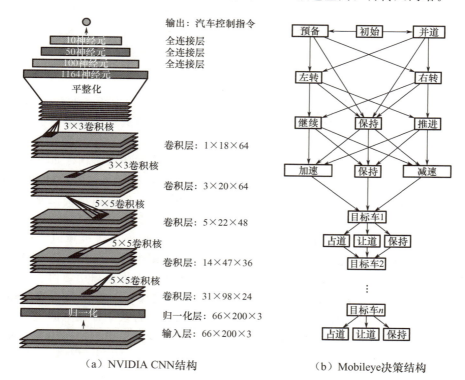

图 6.5　NVIDIA 无人车深度学习系统网络结构

仿真结果表明，图 6.5 所示的网络能完整地学习保持车道驾驶的任务，而不需要人工将任务分解为车道检测、语义识别、路径规划和汽车控制等。CNN 模型可以从稀疏的训练信号（只有转向控制命令）中学到有意义的道路特征，100h 以内的少量训练数据就足以完成在各种条件下操控汽车的训练。

6.2 路径规划

路径规划是汽车顺利行驶的重要环节，它是指在一定环境模型基础上，给定智能汽车起点与目标点，按照性能指标要求，规划出一条无碰撞、能安全抵达目标点的有效路径。根据路径目标范围，路径规划可分为全局路径规划和局部路径规划。全局路径规划是使汽车沿着导航系统提供的一系列期望局部目标点行驶，对局部路径规划起导向和约束作用。全局路径规划不算复杂，前提是有拓扑级地图。局部路径规划是在汽车沿期望路径行驶时，通过车载传感器感知周围环境及交通信息，实现车道保持、动态避障等功能，也可以称为避障规划。局部路径规划要求算法具有较高的实时性，以应对实时变化的环境信息，这对传感器、算法的效率和处理器的运算能力都是极大的挑战，不仅考虑空间序列，而且考虑时间序列。

6.2.1 全局路径规划

全局路径规划是全局环境已知，根据算法搜索出起点到目标点的最优或接近最优的路径。全局路径规划主要包含两个步骤：①建立包含障碍区域与自由区域的环境地图；②在环境地图中选择合适的路径搜索算法，快速、实时搜索可行驶路径。

1. 环境地图表示法

（1）度量地图表示法。

度量地图表示法采用坐标系中栅格是否被障碍物占据的方式描述环境特征，分为几何表示法和空间分解法。

几何表示法利用包括点、线、多边形在内的几何元素表示环境信息，如图6.6（a）所示。与其他环境地图表示方式相比，几何特征地图更紧凑，有利于位置估计和目标识别；缺点是环境几何特征提取困难。几何表示法适用于在环境已知的室内环境提取简单的几何特征，其较难提取室外环境下的几何特征。

空间分解法是把环境分解为类似于格栅的局部单元，根据是否被障碍物占据描述状态。如果格栅单元被障碍物占据，则为障碍格栅；反之，则为自由格栅。空间分解法包括均匀分解法和递阶分解法。均匀分解法中的格栅均匀分布，占据格栅用数值表示。均匀分解法能够快速、直观地融合传感器信息。但是，采用相同尺寸的格栅会导致存储空间巨大，大规模环境下路径规划计算复杂度高。为了克服均匀分解法中存储空间大的问题，递阶分解法把环境空间分解为尺寸不同的矩形区域，从而减少环境模型所占内存。递阶分解法的典型代表为四叉树分解法。图6.6（b）和图6.6（c）分别用均匀分解法和四叉树分解法表示同一环境下得到的环境模型。

均匀格栅地图是度量地图路径规划中最常用的。它把环境分解为一系列离散的格栅节点。所有格栅节点尺寸统一，分布均匀。格栅用值占据方式表示障碍物信息，如使用最简单的二值表示方法，1表示障碍格栅，不可通行；0表示自由格栅。

用均匀格栅地图表示环境信息后，格栅节点之间只有建立一定的连接关系才能保证从起点搜索到目标点的有效路径。图6.7所示为8连接方式与16连接方式。

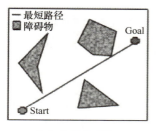
（a）几何表示法

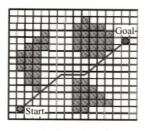
（b）均匀分解法

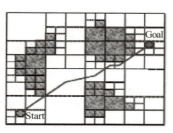
（c）四叉树分解法

图 6.6　度量地图表示法

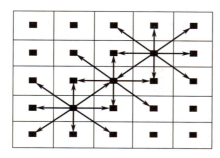
（a）8连接方式

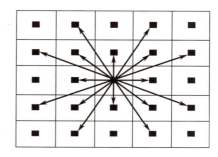
（b）16连接方式

图 6.7　8 连接方式与 16 连接方式

（2）拓扑地图表示法（图 6.8）。

拓扑地图表示法用节点表示道路上的特定位置，并用节点与节点之间的关系表示道路间的联系。

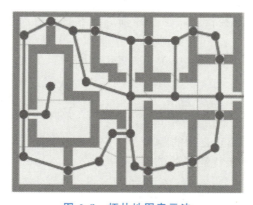

图 6.8　拓扑地图表示法

拓扑地图表示法具有结构简单、存储方便、全局连贯性好、规划效率高、鲁棒性强等特点，适用于大规模环境下的道路规划；但它包含的信息少，需借助其他传感器进一步描述道路环境。

2. 路径规划算法

路径规划算法较多，包括基于采样的算法（如 Voronoi 算法、RRT 算

多种路径规划算法对比

法、PRM 算法等），基于搜索的算法［如 Dijkstra 算法、A＊（A-Start）算法、D＊算法等］，基于数学模型的算法（如 MILP 算法、NLP 算法等），基于生物启发式的算法（如 NN 算法、GN 算法等），多融合算法（如 PRM-NODE 算法等）。A＊算法应用非常广泛，下面详细介绍。

（1）A＊算法简介。

A＊算法是一种静态路网中求解最短路径最有效的直接搜索方法，由 Dijkstra 算法演变而来。其最显著的特点就是在搜索过程中增加了启发函数，通过给定启发函数减少搜索节点，提高路径搜索效率。

A＊算法的核心部分是对每个道路节点设计了一个估价函数：

$$f(s)=g(s)+h(s) \tag{6-1}$$

式中，$f(s)$ 为从起始点经过节点 S 到目标点的估计长度；$g(s)$ 为从起始点到当前节点的路径长度；$h(s)$ 为启发函数，是当前节点到目标节点的估计值。A＊算法示意如图 6.9 所示。

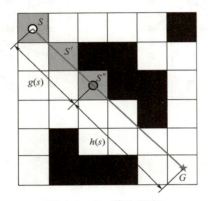

图 6.9　A＊算法示意

$g(s)$ 为 S 点到 S' 点的路径长度，等于 S'' 前一点 S' 的路径长度与 S' 点到 S'' 点的距离之和，它是已知的：

$$g(s)=g(S')+d_{S'S''} \tag{6-2}$$

也可表示成式（6-3）：

$$\sum_{i=start}^{k-1} \text{cost}(S_i,S_{i+1})(k \leqslant \text{goal}) \tag{6-3}$$

式中，cost(S_i, S_{i+1}) 为两点之间的距离。

A＊算法一定能搜索到最优路径的前提条件如下：

$$h(s) \leqslant \text{cost}*(S,S_{\text{goal}}) \tag{6-4}$$

式中，cost＊（S，S_{goal}）为当前节点到目标节点的最优距离。满足式（6-3）的 $h(s)$ 值越大，扩展节点越少。

$h(s)$ 为 S 点到 G 点的距离，为了保证搜索路径最优，通常将曼哈顿距离、对角线距离或欧几里得距离作为启发函数。已知两点的坐标分别为（x_i，y_i）和（x_j，y_j），如图 6.10 所示。

计算曼哈顿距离如式（6-5）所示，图 6.10 中沿最左边与最上边的路线即曼哈顿距离。同时，图中的两条锯齿线等价于曼哈顿距离。

$$d_m=|x_i-x_j|+|y_i-y_j| \tag{6-5}$$

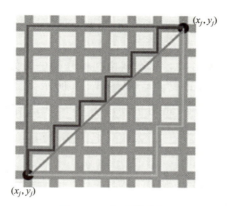

图 6.10 两点的坐标

计算对角线距离如式（6-6）所示。
$$d_d = \max(|x_i - x_j|, |y_i - y_j|) \tag{6-6}$$
计算欧几里得距离如式（6-7）所示。图 6.10 中的斜直线即欧几里得距离。
$$d_e = \sqrt{(x_i - x_j)^2 + (y_i - y_j)^2} \tag{6-7}$$

（2）A*算法流程。

A*算法通常用 OPEN 集和 CLOSED 集管理道路节点，OPEN 集存放扩展过的道路节点的子节点，它属于待扩展节点；CLOSED 集存放扩展过的节点。A*算法流程如图 6.11 所示。

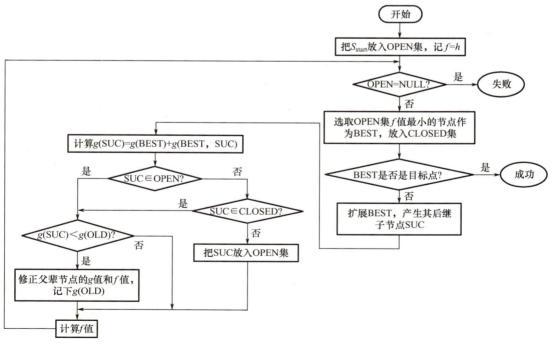

图 6.11 A*算法流程

(3) A*算法案例。

已知路径地图，如图6.12所示，其中S点为起点，G点为终点，O点为障碍物。寻找从S点到G点的最近路径。

① 把路径地图转换成栅格形式，每个栅格的标号及坐标如图6.12所示。

② 采用8连接方式搜索周边的点，如图6.13所示，其中相邻两栅格的距离为1，即1点到2点、1点到4点的距离均为1；斜对角（1点到3点）的距离为$\sqrt{2}$，约为1.41。

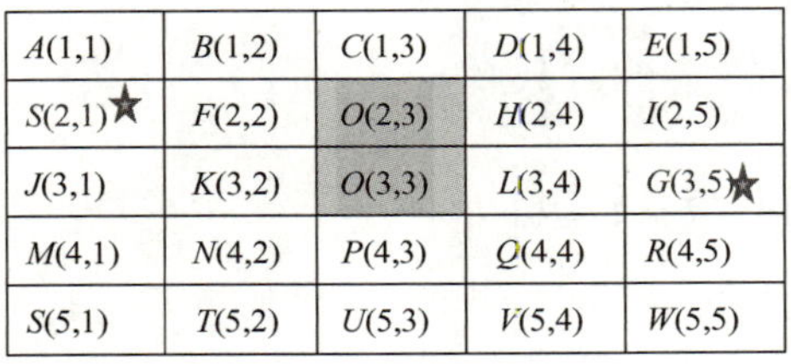

A(1,1)	B(1,2)	C(1,3)	D(1,4)	E(1,5)
S(2,1)★	F(2,2)	O(2,3)	H(2,4)	I(2,5)
J(3,1)	K(3,2)	O(3,3)	L(3,4)	G(3,5)★
M(4,1)	N(4,2)	P(4,3)	Q(4,4)	R(4,5)
S(5,1)	T(5,2)	U(5,3)	V(5,4)	W(5,5)

图6.12 路径地图

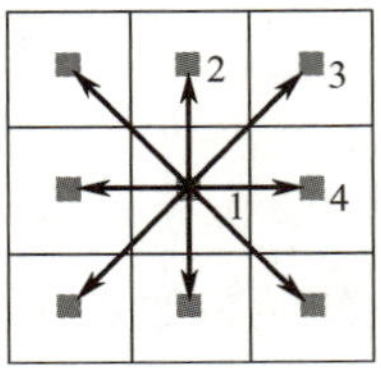

图6.13 8连接方式

③ 路径搜索的步骤如下。

a. 开始路径搜索，把起始点S点放入OPEN集，CLOSED集为空。

b. 按8连接方式搜索S点周围的点，并放入OPEN集。由于S点左边是边界，忽略不计，因此搜索到的S点的相邻点为A，B，F，J，K。

c. 利用式（6-1）和式（6-2）计算$g(s)$、$h(s)$和$f(s)$值，其中距离采用欧拉公式计算，计算结果见表6-1。

表6-1 S点的扩展点的$f(s)$值计算结果

值	S点的扩展点				
	A	B	F	J	K
$g(s)$	1	1.41	1	1	1.41
$h(s)$	4.47	3.6	3.16	4	3
$f(s)$	5.47	5.01	4.16	5	4.41

d. 把$f(s)$值最小的F点放入CLOSED集，把F点作为当前节点，重复步骤b和步骤c，直到OPEN集为空或目标点G点被放入CLOSED集时结束，根据连接关系找出最优路径。在把当前节点的连接点放入OPEN集时，如果OPEN集中已有点，则比较两者的$f(s)$值，留下$f(s)$值小的路径点。

整个路径搜索过程见表6-2。步骤8，把目标点G点放入CLOSED集，搜索结束，并根据G点反向寻找出L，P，K，S点，得到最优路径，如图6.14所示。

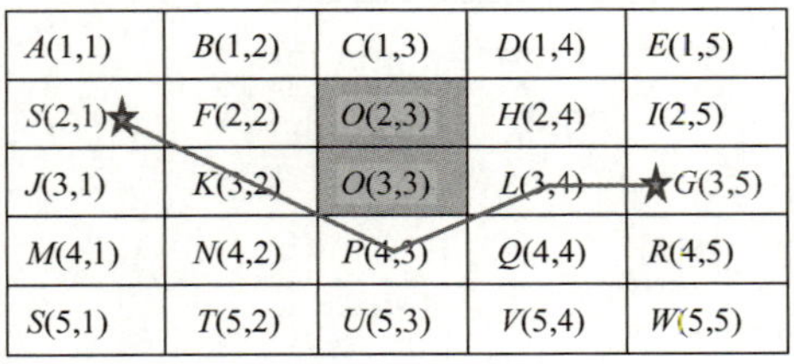

图6.14 最优路径

表 6-2　整个路径搜索过程

步骤序号	OPEN 集	CLOSED 集
1	S (4.12)	ϕ
2	A (5.47) B (5.01) F (4.16) J (5) K (4.41)	S (4.12)
3	A (5.47) B (5.01) J (5) K (4.41) C (5.24)	S (4.12) F (4.16)
4	A (5.47) B (5.01) J (5) C (5.24) M (6.94) N (5.57) P (5.05)	S (4.12) F (4.16) K (4.41)
5	A (5.47) B (5.01) J (5) C (5.24) M (6.94) N (5.57) P (5.05)	S (4.12) F (4.16) K (4.41) B (5.01)
6	A (5.47) J (5) C (5.24) M (6.94) N (5.57) T (7.83) U (6.65) L (5.23) Q (5.23) V (6.47)	S (4.12) F (4.16) K (4.41) B (5.01) P (5.05)
7	A (5.47) J (5) C (5.24) M (6.94) N (5.57) T (7.83) U (6.65) Q (5.23) V (6.47) H (6.64) I (6.4) G (5.23) Q (6.64) R (6.64)	S (4.12) F (4.16) K (4.41) B (5.01) P (5.05) L (5.23)
8	A (5.47) J (5) C (5.24) M (6.94) N (5.57) T (7.83) U (6.65) Q (5.23) V (6.47) H (6.64) I (6.4) Q (6.64) R (6.64)	S (4.12) F (4.16) K (4.41) B (5.01) P (5.05) L (5.23) G (5.23)
9	最优路径	S (4.12) K (4.41) P (5.05) L (5.23) G (5.23)

④ MATLAB 程序实现。

案例的 MATLAB 程序实现流程如图 6.15 所示。首先根据图 6.12 绘制地图，然后执行图 6.15 所示的步骤。A*算法的 MATLAB 核心代码如图 6.16 所示。

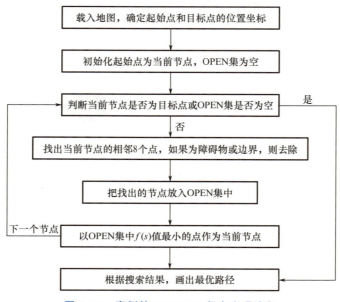

图 6.15　案例的 MATLAB 程序实现流程

```
[xStart,yStart,xTarget,yTarget,MAP,MAX_X,MAX_Y] = LoadMap();      #载入地图
    #下面开始进行A*搜索
    while (current_node.x ~= xTarget || current_node.y ~= yTarget)
        #1. 找出当前节点的相邻8个点，如果为障碍物或边界，则去除
        exp_array = GetNearSpaceNode(current_node,MAP,MAX_X,MAX_Y,xTarget,yTarget);
        #2. 将找出的节点放入OPEN集
        OPEN = PutNode_Into_OPEN(exp_array,OPEN,current_node);
        #3. 寻找OPEN集中f(s)值最小的点作为当前点
        [current_node,MAP,OPEN] = SelectMinnistCostNode(OPEN,MAP);
    end
    #根据搜索结果画出最优路径
    plotPath(current_node,OPEN,xStart,yStart);
```

图 6.16　A * 算法的 MATLAB 核心代码

6.2.2　局部路径规划

局部路径规划对环境局部未知或完全未知，通过传感器为智能网联汽车提供有用信息，确定障碍物和目标点的位置，并规划起始点到目标点的曲率连续的最优路径。局部路径规划的主要算法有人工势场法、遗传算法和神经网络等。

（1）人工势场法。

人工势场法是由 Khatib 提出的一种虚拟方法，其基本思想是构造目标位姿引力场和障碍物周围斥力场共同作用的人工势场，搜索势函数的下降方向来寻找无碰撞路径。人工势场法原理如图 6.17 所示。构建一个人工虚拟势场，该势场由两部分组成，一部分是目标点对智能网联汽车产生的引力场 F_{att}，方向由智能网联汽车指向目标点；另一部分是障碍物对移动智能网联汽车产生的斥力场 F_{rep}，方向为由障碍物指向智能网联汽车。运行空间的总势场 F 为斥力场和引力场共同叠加作用，通过引力和斥力的合力控制智能网联汽车的移动。

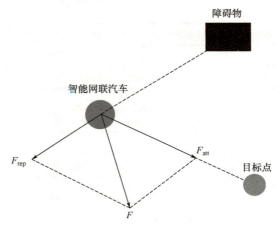

图 6.17　人工势场法原理

（2）遗传算法。

遗传算法是智能驾驶路径规划的常用算法，其模拟达尔文的生物进化理论，结合进化中优胜劣汰的概念，是一种基于自然选择和遗传学原理的搜索算法。局部路径规划中的遗传算法如图6.18所示。

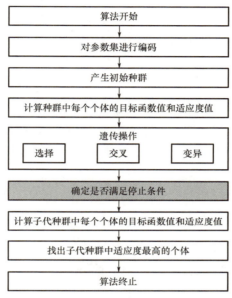

图6.18　局部路径规划中的遗传算法

遗传算法在整个进化过程中的遗传操作是随机且不固定的，但不是完全随机搜索，可以有效地利用历史信息预测下一代的预期性能，通过一代一代的进化，最终聚集到一个最合适的环境，得到问题的最佳解决方案。遗传算法主要由编码方法、初始群生成方法、适应度函数、遗传运算和算法终止条件等组成。为了更好地解决算法的优化问题，各部分的设计非常重要。由于遗传算法具有快速搜索全局的能力，因此可以快速搜索最优路径；但系统中的反馈信息利用率不高，往往导致不作为的冗余迭代，求解效率低。

（3）神经网络。

神经网络可以通过大量实际驾驶行为数据，学习避障和路径规划中隐含的、难以人工设计并提取的特征。神经网络在建模现实问题上具有极强的灵活性，近年来应用于无人车决策系统。

局部路径规划可进一步分为轨迹规划和速度规划。轨迹规划就是在满足车辆运动学约束、几何学约束的情况下，规划出一条曲率连续的局部期望路径。速度规划是在局部期望路径的基础上，系统地考虑行驶安全性、乘坐舒适性等约束，规划出车辆行驶的速度曲线。速度规划由车辆当前状态、行驶目标及轨迹曲率等决定。

6.3　运动控制

智能网联汽车的运动控制分为纵向控制和横向控制。纵向控制是指通过协调节气门和制动踏板，实现对期望车速的精确跟随。横向控制是实现智能网联汽车的路径跟踪，即控制汽车沿规划的路径行驶，并保证汽车的行驶安全性、平稳性与乘坐舒适性。线控底盘系统是实现汽车运动控制的基础。

6.3.1 线控底盘系统

线控底盘系统包括线控转向系统、线控制动系统、驱动系统（如线控节气门），其中线控制动系统包括行车制动、驻车制动与辅助制动，驱动系统包括发动机、电机、混合动力控制及传动系统控制等。

1. 线控转向系统

线控转向（Steer By Wire，SBW）是指通过通信网络连接控制各部件的控制系统。它替代了传统的机械连接和液压连接，取消了转向盘和转向轮的机械连接，空间小，**可以实现前轮的主动转向控制**，在汽车受到干扰处于危险或者极限工况下，替代驾驶人实现主动安全性。

线控转向系统主要由转向盘总成、转向执行总成、主控制器及自动防故障系统组成，如图 6.19 所示。

英菲尼迪线控转向

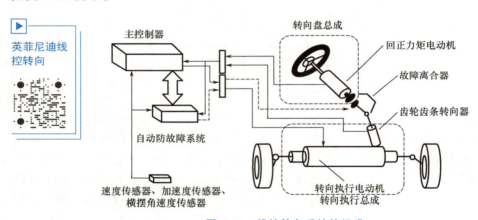

图 6.19 线控转向系统的组成

转向盘总成由转向盘、转向盘转角传感器、力矩传感器、转向盘回正力矩电动机组成。它的作用是感知驾驶人意图：测量转向盘转角，转换为数字信号给主控制器，同时接收主控制器送来的力矩信号，产生转向盘的回正力矩，让驾驶人感受路感。

转向执行总成由前轮转角传感器、转向执行电动机、转向电机控制器、前轮转向组成，转向电机控制器接收主控制器命令，控制转向车轮转动，实现转向意图。

主控制器对采集的信号进行分析处理，判断汽车的运动状态，向转向盘回正力矩电动机和转向执行电动机发送指令，控制两个电动机工作；同时识别驾驶人的指令，判断当前状态下驾驶操作的合理性。自动防故障系统包括一系列监控和实时算法，对不同的故障形式和等级作出相应的处理，最大限度地保持汽车正常行驶。

线控转向系统的工作原理是转动转向盘→转矩传感器和转角传感器将检测的信号转换为电信号送至 ECU→ECU 根据车速传感器和安装在转向传动机构上的位移传感器的信号控制转矩反馈电动机→根据转向力模拟、生成反馈转矩，控制转向执行电动机的旋转方向、转矩值和旋转角度→汽车沿着驾驶人期望的轨迹行驶。

2. 线控制动系统

线控制动系统既要在无人驾驶状态下按照控制器解析出控制指令完成指定制动动作，又要在有人干预时可靠地进行机械制动。线控制动能够根据规划层发出的制动需求，自主完成制动减速。

线控制动系统分为电子液压制动系统（Electronic Hydraulic Brake，EHB）和电子机械制动系统（Electronic Mechanical Brake，EMB）。

电子液压制动系统以传统的液压制动系统为基础，用电子器件取代一部分机械部件，使用制动液作为动力传递媒介，控制单元及执行机构布置得比较集中，有液压备份系统。电子液压制动系统主要由 ECU、制动踏板传感器和制动器组成，如图 6.20 所示。

电子液压制动系统的工作原理如下：正常工作时，制动踏板与制动器之间的液压连接断开，备用阀处于关闭状态。制动踏板配有踏板感觉模拟器和电子传感器，ECU 可以通过传感器信号判断驾驶人的制动意图，并通过电动机驱动液压泵进行制动。系统发生故障时，备用阀打开，电子液压制动系统变成传统的液压系统。

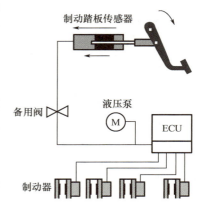

图 6.20 电子液压制动系统的组成

电子液压制动系统根据技术方向可以分为以下三类。

（1）电动伺服，电动机驱动主缸提供制动压力源。

（2）电液伺服，电动机＋液压泵提供制动压力源。

（3）电动机＋高压蓄能器电液伺服。

电子机械制动系统没有油压系统，由电动机产生制动力，只受 ECU 的控制。电子机械制动系统的组成如图 6.21 所示。

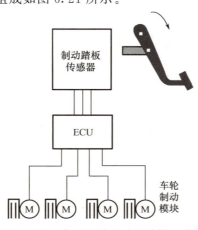

图 6.21 电子机械制动系统的组成

电子机械制动系统的工作原理如下：ECU 根据制动踏板传感器的位移信号和速度信号，结合车速传感器等的信号，向车轮制动模块的电动机发出信号，控制其电流和转子转角，产生所需的制动力，达到制动目的。

在电子机械制动系统中，常规制动系统中的液压系统（主缸、真空增压装置、液压管路等）均被电子机械系统取代，液压盘和鼓式制动器的调节器被电动机驱动装置取代。由于没有备用的机械系统或液压系统，因此电子机械制动系统的可靠性非常重要，要求系统具备备用电源（在主电源失效时工作）和冗余的通信链路（连接制动踏板的三重冗余链路），短期内很难大批量应用，是未来发展方向。

3. 线控节气门

线控节气门即电子节气门，通过用线束代替拉索或者拉杆，在节气门处安装一只微型电动机，以驱动节气门开度。

电子节气门主要由加速踏板、加速踏板位移传感器、ECU、数据总线、节气门电动机和节气门位置传感器等组成，如图 6.23 所示。加速踏板位移传感器监测到加速踏板高度发生变化时，瞬间将此信息送往 ECU，ECU 对该信息和其他系统传来的数据信息进行运算处理，计算出一个控制信号，通过线路送到节气门电动机继电器，节气门电动机驱动节气门执行机构，实现节气门控制。数据总线负责系统 ECU 与其他 ECU 之间的通信。

电子节气门

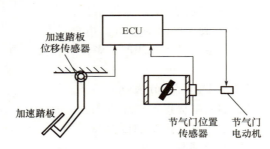

图 6.22 电子节气门的组成

随着电驱动系统的发展，混合动力汽车、插电式混合动力汽车、纯电动汽车得到了广泛应用。其他驱动形式的汽车的电子节气门与燃油车的类似。

6.3.2 车辆横向和纵向控制

1. 车辆动力学模型

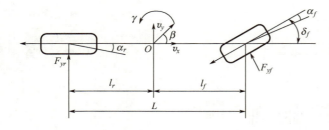

v_x ——质心速度在 X 方向的分量；
v_y ——质间速度在 Y 方向的分量

图 6.23 简易线性二自由度车辆动力学模型

车辆动力学是智能网联汽车控制的基础，智能网联汽车（后轮驱动，前轮转向）有纵向、横向、垂直方向的平动，以及侧倾、俯仰、横摆方向的转动。其中，横向运动和横摆运动基本由转向操纵产生，当横向加速度和横摆角速度较小时，常采用简易线性二自由度车辆动力学模型，如图 6.23 所示，可以较准确地描述绝大多数应用场景下的车辆状态。其中，O 为重心，F_{yf}、F_{yr} 分别为前、后轮受到的侧向力；α_f、α_r 分别为前、后轮侧偏角；β 为质心偏角；γ 为横摆角速度。

线性二自由度车辆动力学模型是一种参数化模型，其描述和实现方式可以为状态方程、传递函数，广泛应用于车辆稳定性控制、运动状态估计等领域。在此基础上，可以延伸出包含纵向运动、横向运动、横摆运动和四个车轮转动的七自由度模型，以及更多自由度的参数化模型。这些模型为车辆主动控制的各类算法（如轨迹跟随控制、模型预测控制等车辆纵向、横向控制算法）提供了理论基础。

2. 横向控制

横向控制是指智能网联汽车通过车载传感器感知周围环境，结合 GPS 提取汽车相对于期望行驶路径的位置信息，并按照设定的控制逻辑沿期望路径自主行驶。横向控制主要控制航向，通过改变转向盘转矩或角度等，使汽车按照希望的航向行驶。根据配置传感器的不同，横向控制分为非预瞄式横向控制和预瞄式横向控制。非预瞄式横向控制模型（图 6.24）主要通过磁性传感器提取汽车在当前点与期望行驶路径的横向位置关系。磁性传感器对环境适应性强，但成本较高、可变性差、无法检测前方障碍。预瞄式横向控制模型（图 6.25）主要通过视觉识别环境和提取路径，与其他传感器相比，视觉系统具有检测信息量大、能够遥测等优点。视觉系统实时采集前方道路图像，获得视觉预瞄点处汽车相对于参考路径的位置偏差信息。

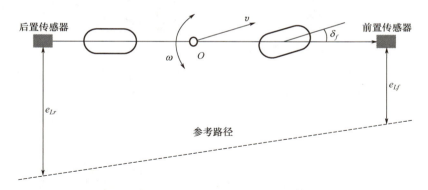

e_{Lf}—前置传感器与路径横向距离的偏差；e_{Lr}—后置传感器与路径横向距离的偏差；
δ_f—前轮转角；O—车辆质心；v—车辆速度；ω—横摆角速度；

图 6.24 非预瞄式横向控制模型

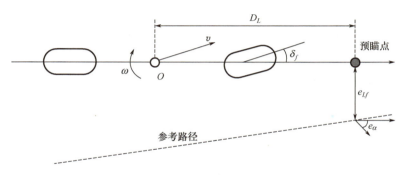

图 6.25 预瞄式横向控制模型

横向控制执行机构由传感器、控制器、执行器组成,主要任务是通过信号采集和系统控制,控制电动机准确转动前轮,使其偏角到达期望位置。传感器主要采集用于电动机控制的信号,如前轮偏角、前轮偏角变化率、电动机转速、电动机相电流等,并传输给电力控制系统控制器,电力控制系统控制器根据期望值和当前值反馈控制占空比实现对电动机的位置控制,执行机构则把电动机的转动传递到前轮的转动。**常用控制方法有经典控制法(PID 控制法)、最优控制法、H∞鲁棒控制法、基于反馈线性化方法、自适应控制法、滑模控制法、预测控制法、模糊控制法等。**

3. 纵向控制

纵向控制是指通过某种控制策略调节汽车的纵向运动状态,实现汽车纵向距离保持或自动加/减速的功能。 按照实现方式不同,纵向控制可分为直接式结构控制和分层式结构控制。

直接式结构控制由一个纵向控制器给出所有子系统的控制输入,如图 6.26 所示。给纵向控制器输入期望距离或速度,输出期望制动压力和节气门开度给智能网联汽车,得到实际距离或速度。典型控制策略有卡内基·梅隆大学研究团队采用的非线性 PID 控制策略、滑模变结构控制策略、鲁棒控制方法、基于驾驶人特性的自学习算法等。

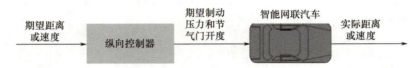

图 6.26　直接式结构控制

分层式结构控制如图 6.27 所示,需通过设计上位控制器、下位控制器实现智能网联汽车纵向控制。上位控制器的功能是基于一定的控制方法实时给出下位控制器所需的期望速度或加速度。

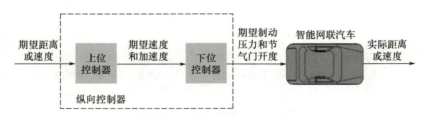

图 6.27　分层式结构控制

1. 什么是智能网联汽车的行为决策?
2. 简述智能网联汽车行为决策的类型。
3. 什么是有限状态机?
4. 什么是智能网联汽车的全局路径规划和局部路径规划?
5. 图 6.28 中 S 点是起点,G 点是终点,利用 A*算法找出 S 点到 G 点的最优路径。横线上的数值为两点间的实际距离,h 为启发函数。

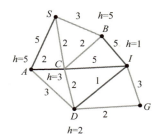

图 6.28 路径地图

6. 智能网联汽车的线控底盘系统由哪几部分组成？
7. 简述线控转向系统、线控制动系统和线控节气门的工作原理。
8. 什么是智能网联汽车的横向控制和纵向控制？

第 7 章 先进驾驶辅助技术应用

教学目标

1. 掌握 ADAS 的概念及其与自动驾驶的区别。
2. 熟悉 ADAS 功能的划分。
3. 掌握常见 ADAS 的工作原理。
4. 了解 Autopilot 系统。

教学要求

知识要点	能力要求	相关知识
预警类驾驶辅助技术	了解常用预警类驾驶辅助技术的功能及实现原理	FCW、LDW、PCW、BSD、夜视系统等变道预警
执行类驾驶辅助技术	了解常用执行类驾驶辅助技术的功能及实现原理	ACC、AEB、LKA/LKS、AFS、APA、交通拥堵辅助系统
Autopilot 系统	了解 Autopilot 系统的基本架构和实现功能	Autopilot 系统的基本架构和实现功能

ADAS 是利用环境感知技术采集汽车、驾驶人和周围环境的动态数据并进行分析处理，通过提醒驾驶人或执行器介入汽车操纵以实现驾驶安全性和舒适性的一系列技术的总称。目前 ADAS 是实现自动驾驶的前置技术解决方案。

ADAS 按照环境感知系统的不同可分为自主式 ADAS 和网联式 ADAS。自主式 ADAS 基于车载传感器完成环境感知，依靠车载中央控制系统进行分析决策，技术比较成熟，已经装备于量产车型。网联式 ADAS 基于汽车与外界的通信互联完成环境感知，依靠云端大数据进行分析决策，目前处于研发测试阶段。

ADAS 按照功能的不同可分为预警类驾驶辅助系统和执行类驾驶辅助系统。在遇到紧急情况时，预警类驾驶辅助系统只发出告警信号，由驾驶人决定如何操作；而执行类驾驶辅助系统可自主判断决策，控制汽车实现加速、制动、转向等动作，以免碰撞。

常见预警类驾驶辅助技术及其功能见表 7-1。常见执行类驾驶辅助技术及其功能见表 7-2。

表 7-1　常见预警类驾驶辅助技术及其功能

驾驶辅助技术	功能	传感器	预警或执行器
车道偏离预警	驾驶人无意识偏出车道时发出预警	车道线传感（普通摄像头、红外摄像头）	显示设备（中控台、车载终端等）
盲区检测	检测驾驶人侧方及后方盲区，必要时给予告警	车距传感（毫米波雷达、摄像头、超声波雷达、普通激光雷达、红外摄像头等）	显示设备（中控台、车载终端等）
前方碰撞预警	在与前方车辆距离过小时，发出预警	车距传感（毫米波雷达、激光雷达、普通摄像头、红外摄像头）	显示设备（中控台、车载终端等）
交通标志识别	识别交通标志并做相应提示	普通摄像头	显示设备（中控台、车载终端等）
交通信号灯识别	识别交通信号灯并做相应提示	普通摄像头	显示设备（中控台、车载终端等）
行人碰撞预警	检测前方行人情况，必要时发出预警	普通摄像头、红外摄像头	显示设备（中控台、车载终端等）
夜视	为驾驶人提供夜间或弱光线行驶环境下的视觉辅助	红外摄像头	显示设备（中控台、车载终端等）
驾驶人疲劳检测	通过对驾驶人脸部和眼睛特征的识别，判断驾驶人疲劳度，必要时给予告警	普通摄像头、红外摄像头	显示设备（中控台、车载终端等）
全景泊车	通过车辆四周的环视摄像头进行图像拼接，实现全景图像，为驾驶人泊车提供视觉辅助	普通摄像头	显示设备（中控台、车载终端等）

表 7-2　常见执行类驾驶辅助技术及其功能

驾驶辅助技术	功能	传感器	预警或执行器
自适应巡航	前方有车辆时实现车距控制，前方无车辆时实现车速控制	车距传感（毫米波雷达、激光雷达、双目摄像头等）	加速器、变速器、制动器
车道保持辅助	在车辆非受控偏离车道时主动干预转向，实现车道保持	车道线传感（普通摄像头等）	转向器
车道变换辅助	车辆变换车道时，检测周围其他行驶车辆，安全实现变换车道	车距传感（毫米波雷达、普通摄像头、超声波雷达、激光雷达）	转向器、加速器、制动器
自动紧急制动	在与前方车辆或其他障碍物的距离过小时，主动干预制动	车距传感（毫米波雷达、激光雷达、普通摄像头）	制动器
智能远光控制	根据前方车辆环境切换前照灯，当前方光线足够暗且没有车辆时，切换至远光灯；当前方有车辆时，切换至近光灯	普通摄像头	前照灯
行人保护	检测前方行人情况，必要时主动干预制动	普通摄像头	制动器
自动泊车	泊车时，检测车辆周围环境，实现自动泊车入库	车距传感（毫米波雷达、激光雷达、超声波雷达、普通摄像头等）	转向器、加速器、制动器

ADAS 在提高汽车驾驶安全性时，其功能大多数针对不良驾驶工况，既可通过传感器检测危险状况，告知驾驶人，又可控制车辆直接解决此类危险状况。当 ADAS 的特定功能或子系统识别到危险情况时，根据处理危机的主体不同，将 ADAS 的功能分为预警类和执行类。预警类 ADAS 功能是在识别到危险时，对驾驶人发出声光警告、中控台影像显示，座椅振动，转向盘振动等，由驾驶人操控车辆处理危急状况。执行类 ADAS 功能是面临危急状况时，由 ADAS 控制部分或全部车辆底盘执行器件等，使车辆处于继续平稳运行或保证安全的情况下停车等有利于保护驾乘人员的状态。两类驾驶辅助技术的主要区别在于 ADAS 系统是否被允许操控车辆的底盘器件或系统。

7.1　预警类驾驶辅助技术

7.1.1　前车碰撞预警系统

前车碰撞预警（Forward Collision Warning，FCW）系统（图 7.1）是指在与前方车辆距离过小时，发出告警信息的驾驶辅助系统。该系统通过雷达或视觉传感器实时监测前方车辆，判断与前方车辆的距离、方位及相对速度，当存在潜在碰撞危险时，对驾驶人发出告警。一般预警方式有声音、视觉或者触觉等。

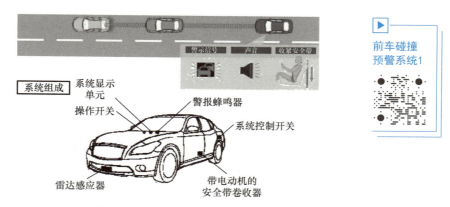

图 7.1　前车碰撞预警系统

前车碰撞预警系统由信息采集单元、主控单元、显示单元和声光报警单元组成，如图 7.2 所示。

（1）信息采集单元：主要作用是利用雷达、视觉传感器等采集自车信息及与前方车辆的距离、相对速度等信息。

图 7.2　前车碰撞预警系统的组成

（2）主控单元：是整个系统的"大脑"，可以接收并处理信息采集单元的信息，评估潜在碰撞风险，确定发布预警的时刻。

（3）显示单元和声光报警单元：执行响应的功能，以适当的方式提醒驾驶人采取规避措施。

前车碰撞预警系统的工作原理如图 7.3 所示。前车碰撞预警系统通过分析传感器获取的前方道路信息对前方车辆进行识别和跟踪，如果识别出车辆，则测量与前方车辆的距离；同时利用车速估计，根据安全车距预警模型判断追尾的可能性，一旦存在追尾危险，就根据预警规则（距离不同，示警效力不同）及时给予驾驶人主动预警。其过程分为前方车辆识别、前车车距检测和建立安全车距预警模型。

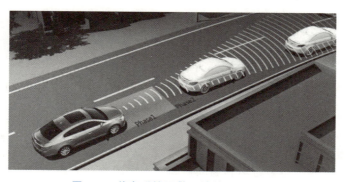

图 7.3　前车碰撞预警系统的工作原理

安全车距是指后方车辆为了避免与前方车辆发生意外碰撞而在行驶过程中与前方车辆保持的必要间隔距离。机动车在高速公路上行驶，车速超过 100km/h 时，安全车距大于 100m；车速低于 100km/h 时，安全车距不得小于 50m。自车与前方车辆的相对位置示意如图 7.4 所示，X_1 为自车行驶的距离，X_2 为前车行驶的距离，D_0 为安全车距，D 为实际车距。

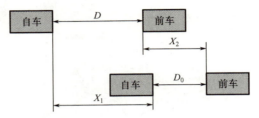

图 7.4　自车与前方车辆的相对位置示意

安全车距预警模型主要有马自达模型、本田模型及伯克利模型，后续的开发和改进都是在此基础上改良的。

(1) 马自达模型。

日本马自达公司研制开发的追尾碰撞避免系统（即马自达模型）的主要设计思路如下：在正常跟车行驶情况下，系统不工作；当自车非常接近前车车尾时，系统发出追尾碰撞预警；在发出预警后，如果驾驶人没有采取制动措施，则该系统启动紧急制动装置，以避免发生追尾事故。该模型的本质是实时计算最小安全车距，从而对车速进行预警和控制。

马自达模型的最小安全车距

$$D_b = \frac{1}{2}\left[\frac{v_1^2}{a_1} - \frac{(v_1 - v_{rel})^2}{a_2}\right] + v_1\tau_1 + v_{rel}\tau_2 + D_0 \tag{7-1}$$

式中，$a_1 = 6\text{m/s}^2$；$a_2 = 8\text{m/s}^2$；v_1 为自车车速；$v_{rel} = v_1 - v_2$，为相对车速；v_2 为前车车速；$\tau_1 = 0.15\text{s}$；$\tau_2 = 0.6\text{s}$；$D_0 = 5\text{m}$。

(2) 本田模型。

本田模型采用两段式警告的方式，设定了报警距离和制动距离。该模型不能避免大多数碰撞，只能减小碰撞的严重程度，一旦报警就可能引起驾驶人极度恐慌，甚至会因恐惧而失去对车辆的控制。该模型准确性低，不能实时反映行车路面情况，对驾驶人主观因素考虑不足。另外，该模型的建立以实验数据为基础，样本点选取对模型影响较大。

本田模型的报警距离

$$D_w = 6.2 + 2.2v_{rel} \tag{7-2}$$

本田模型的制动距离

$$D_b = \begin{cases} v_{rel}\tau_2 + \tau_1\tau_2 a_1 - 0.5a_1\tau_1^2, & \frac{v_2}{a_2} \geqslant \tau_2 \\ v_1\tau_2 - 0.5a_1(\tau_2 - \tau_1)^2 - \frac{v_2^2}{2a_2}, & \frac{v_2}{a_2} < \tau_2 \end{cases} \tag{7-3}$$

式中，$a_1 = 7.8\text{m/s}^2$；$a_2 = 7.8\text{m/s}^2$；$\tau_1 = 0.5\text{s}$，为系统延迟；$\tau_2 = 1.5\text{s}$，为制动时间。

(3) 伯克利模型。

伯克利模型也设置了报警距离和制动距离。报警距离是沿用马自达模型的安全车距设定的，并假定前方车辆和自车的最大减速度相等；制动距离是在两车碰撞前的时刻报警。

该模型旨在减轻碰撞对驾驶人的损伤严重程度,即驾驶人听到报警时两车即将发生碰撞。该模型综合了马自达模型和本田模型的优点,建立了一个保守的报警距离和一个冒险的制动距离。报警预先给驾驶人一个危险提示,设定冒险制动报警可以减少对驾驶人的干扰。而在各种运动状态下均采取相同报警模式不利于系统作出准确的安全、危险判断。此外,报警启动时两车即将相撞,实际上该模型的制动报警只能减轻碰撞后果而不能避免碰撞。

伯克利模型的报警距离

$$D_\mathrm{w}=\frac{1}{2}\left[\frac{v_1^2}{a_1}-\frac{(v_1-v_\mathrm{rel})^2}{a_2}\right]+v_1 t_\mathrm{res}+D_0 \qquad (7-4)$$

式中,t_res 为车辆延迟时间和驾驶人反应时间。

伯克利模型的制动距离

$$D_\mathrm{b}=v_\mathrm{rel} t_\mathrm{res}+0.5 a_2 t_\mathrm{res}^2 \qquad (7-5)$$

7.1.2　车道偏离预警系统

车道偏离预警(Lane Departure Warning,LDW)系统(图 7.2)是一种通过报警或振动等方式辅助驾驶人减少汽车因车道偏离而发生交通事故的系统。该系统通过摄像头检测前方车道线,计算出车身与车道线之间的距离,判断汽车是否偏离车道;在驾驶人无意识(未打转向灯)偏离车道时,系统能在偏离车道 0.5s 之前发出警告,或转向盘开始振动,提示驾驶人回到本车道,避免汽车因偏离车道而发生危险。

车道偏离预警系统1

图 7.5　车辆偏离预警系统

车道偏离预警系统主要由信息采集单元、电子控制单元和人机交互单元组成,如图 7.6 所示。

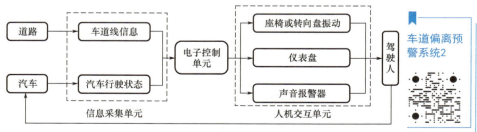

图 7.6　车道偏离预警系统的组成

(1) 信息采集单元。信息采集单元主要用于采集实时车道线信息和汽车自身行驶状态信息。针对不同道路条件和传感器类型,可采用不同车道线检测方式,包括高精度地图定位、磁传感器定位、视觉传感器定位等,其中视觉传感器定位应用广泛。汽车自身行驶状态采集的主要信息包括车速、加速度、转向角等。在完成所有信息数据的采集后,信息采集单元需对数据进行模数转换,并传给电子控制单元。

(2) 电子控制单元。电子控制单元是整个系统的核心部分,需要对所有数据进行集中处理。在处理车道线信息时,由于传感器存在测量误差,因此需要对其进行误差修正,综合判断汽车是否存在非正常偏离车道的现象,如果发生非正常偏离,就发出报警信息。

(3) 人机交互单元。人机交互单元通过仪表显示界面、语音提示、座椅或者转向盘振动等一种或多种方式向驾驶人提示系统当前状态,当存在车道偏移时,提醒驾驶人及时修正行驶方向,并可以根据偏移量实现不同程度的预警。

基于视觉传感器定位的车道偏离预警系统的工作原理如图7.7所示,该系统使用视觉传感器拍摄道路图像,并将获得的图像信息输入电子控制单元,辨识并处理图像信息;根据识别到的车道标识线,判断汽车此时是否已经偏离正常车道,若存在车道偏离现象,则发出预警信息。如果驾驶人打开转向灯,正常进行变道行驶,则车道偏离预警系统不会作出任何提示。

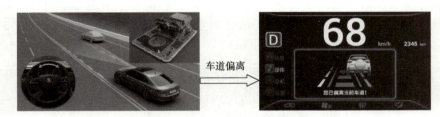

图7.7 基于视觉传感器定位的车道偏离预警系统的工作原理

车道偏离预警算法是一种通过传感器检查车道线,并结合汽车位置信息和状态信息得到汽车与车道线之间的相对位置关系,并对偏离状态进行判断的控制算法。目前大部分研究均基于视觉传感器获取车道线信息,结合预警决策算法判断汽车是否有偏离原车道的趋势。当前使用频率较高的车道偏离预警算法有汽车当前位置算法、汽车跨道时间算法、预瞄偏移量差异算法,算法示意如图7.8所示,其中,L_l为汽车左外侧至左车道标线的距离;L_r为汽车右外侧至右车道标线的距离;L_t为汽车中轴线至车道中轴线的距离;d为车道宽度;b为汽车宽度;c为汽车长度;θ_e为汽车行驶航向角(相对于车道轴线方向);L为汽车由当前位置驶出车道边界的行驶距离。

(1) 汽车当前位置算法。汽车当前位置算法是根据汽车行驶时在车道中的当前位置信息判断偏离车道的程度,及通过车道线检测算法计算出汽车外侧与车道线的距离信息来判断是否预警。

(2) 汽车跨道时间算法。汽车跨道时间算法是根据汽车当前状态,假设未来偏离过程中汽车行驶速度和汽车行驶航向角不变来预测未来汽车轨迹,计算出汽车跨越两侧车道线所需时间,将该时间与设置的阈值对比,判断汽车偏离的状态。

(3) 预瞄偏移量差异算法。预瞄偏移量差异算法是在实际车道标线处向外扩展一条虚

先进驾驶辅助技术应用 第7章

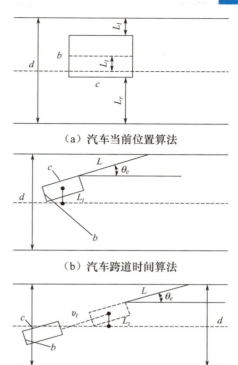

(a) 汽车当前位置算法

(b) 汽车跨道时间算法

(c) 预瞄偏移量差异算法

b—汽车宽度；c—汽车长度；d—车道宽度；v_t—汽车行驶速度；
θ_e—汽车行驶航向角（相对于车道轴线方向）；L—汽车由当前位置驶出车道边界的行驶距离

图 7.8　车道偏离预警算法示意

拟车道标线，该虚拟车道标线是根据驾驶人自然转向时的偏离习惯设计的，目的是降低误报率。

7.1.3　行人碰撞预警系统

行人碰撞预警（Pedestrian Collision Warning，PCW）系统（图 7.9）是在行人检测系统的基础上升级的。首先通过汽车前视摄像头搜集汽车前方道路信息，然后对探测视野的图像进行行人检测，以确定是否存在行人并给予定位，若有行人步入汽车前方危险区域，则行人碰撞预警系统发出危险报警，提示驾驶人注意前方潜在危险。其本质是**采用摄像头实现人眼的感知功能，运用视觉算法分析汽车前方道路信息以实现行人检测功能，进而做到及时、有效地预警，提醒驾驶人防范汽车前方潜在危险**。

图 7.9　行人碰撞预警系统

行人碰撞预警系统整体架构与前车碰撞预警系统类似，由信息采集单元、电子控制单元、显示单元等组成。其中信息采集单元主要是视觉摄像头或激光雷达等传感器,电子控制单元接收摄像头拍摄的图像或视频,通过对视频帧对比分析,研判行人存在区域、预测行人运动状态等,并与自车运行轨迹交叉对比,评估碰撞的潜在可能性,依据评估严重程度确定不同的预警发布状态及发布时刻。

(1)信息采集单元。信息采集单元利用车载传感器检测汽车盲区内是否有行人,采集图像帧数据,并将数据传送给电子控制单元。

(2)电子控制单元。电子控制单元对传感器采集到的信息进行分析判断,使用预设的算法提取图像信息中的行人状态,并预测行人后续行为,研判行人与主车发生碰撞的可能性。当有碰撞可能性时,向预警显示单元发送信息,若行人与汽车之间距离过小,则提高预警等级。部分系统具有行人保护自动紧急制动系统,还可给此系统发出全制动的控制指令,使汽车停止行驶。

(3)显示单元。显示单元接收电子控制单元的信息,如果有危险,则发出预警,提示驾驶人有行人靠近,注意避让等。

行人碰撞预警系统的主要难点在于行人检测,目前研究重点也是集中于行人检测算法。由于人体具有一定的柔性,因此会有各种姿态和形态,其外观受穿着、姿态、视角等影响非常大,还受遮挡、光照等因素的影响,行人检测成为计算机视觉领域中一个极具挑战的课题。

7.1.4 盲区监测系统

盲区监测(Blind-Spot Detection,BSD)系统(图7.10)也称盲点监测系统,是汽车上安全类的高科技配置。它通过视觉传感器、毫米波雷达等车载传感器检测视野盲区内有无来车,在左、右两个后视镜内或者其他地方提醒驾驶人后方盲区内有无来车,从而消除视野盲区,提高行车安全性。

图7.10 盲区监测系统

汽车视野盲区主要有前盲区,两侧盲区(包括A柱盲区、B柱盲区和C柱盲区),后盲区和后视镜盲区。其中,最容易引发交通事故的是A柱盲区和后视镜盲区,如图7.11所示。盲区监测系统由信息采集单元、电子控制单元和显示单元组成,如图7.12所示。

(1)信息采集单元。信息采集单元利用车载传感器检测盲区内是否有行人或其他行驶车辆,并把采集到的信息传输给电子控制单元。后视镜盲区的信息采集一般采用毫米波雷达,A柱盲区的信息采集一般采用摄像头。

先进驾驶辅助技术应用 第7章

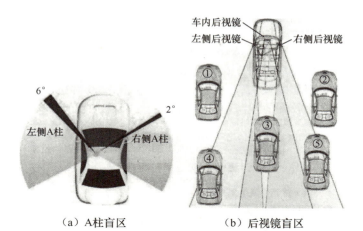

（a）A柱盲区　　　　（b）后视镜盲区

图 7.11　A 柱盲区和后视镜盲区

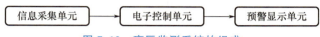

图 7.12　盲区监测系统的组成

（2）电子控制单元。电子控制单元对传感器采集到的信息进行分析判断，向显示单元发送信息。

（3）显示单元。显示单元接收电子控制单元的信息，如果有危险，则发出预警，提示此时不可变道等。

盲区监测系统的工作原理如图 7.13 所示，通过安装在汽车尾部或侧方的传感器（视觉传感器、毫米波雷达等）检测后方来车或行人，电子控制单元对传感器采集的信息进行分析处理，如果盲区内有汽车或行人，则显示单元通过发出报警声音或在后视镜中显示报警信息等方式告知驾驶人。如果此时驾驶人没有注意到系统提醒，开启转向灯变道，则显示单元增大报警强度来警告驾驶人，避免发生交通事故。

图 7.13　盲区监测系统的工作原理

智能网联汽车也可以通过 V2V 或者 V2I 之间的通信，告知驾驶人盲区内是否有汽车或行人。

7.1.5 变道预警辅助系统

变道预警辅助系统（图7.14）是通过毫米波雷达、摄像头等传感器，对汽车相邻两侧车道及后方进行探测，获取汽车侧方及后方物体的运动信息，并结合当前汽车的状态进行判断，以声、光等方式提醒驾驶人，让驾驶人掌握最佳变道时机，防止变道引发交通事故，同时对后方碰撞有比较好的预防作用。

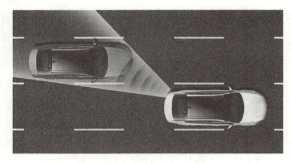

图7.14 变道预警辅助系统

变道预警辅助系统有盲区检测、变道预警、后碰撞预警三个功能，可以有效防止发生变道、转弯、后方追尾等交通事故，极大提高汽车变道操作的安全性。

（1）盲区监测。盲区监测是指根据判断的移动物体所处的相对位置及与自车的相对速度，当处于本车的盲区范围内时，及时提醒驾驶人注意变道风险。

（2）变道预警。变道预警是指监测目标汽车在相邻的区域以较大的相对速度靠近自车，在两车间距小于一定值时，通过声、光等方式提醒驾驶人。

（3）后碰撞预警。后碰撞预警是指当检测到同一车道后方有快速接近的移动物体，并有碰撞风险时，及时通过声、光等方式警告驾驶人系好安全带等以减少碰撞带来的伤害。

7.1.6 夜视系统

夜视系统（图7.15）是一种利用红外成像技术辅助驾驶人在黑夜中看清道路、行人和障碍物等，以减少事故发生，提高主动安全性的系统。

图7.15 夜视系统

根据工作原理的不同，夜视系统可分为主动夜视系统和被动夜视系统。

1. 主动夜视系统

主动夜视系统采用主动红外成像技术，把目标物体反射或自身辐射的红外辐射图像转换成人眼可见的图像。这种系统本身必须具备光源，不发出热量的物体也可以被看到，通过图像处理提高清晰度，道路标志清晰可见。主动夜视系统主要由红外发射单元、红外成像单元、电子控制单元和图像显示单元等组成，如图 7.16 所示。

主动夜视系统的工作原理如图 7.17 所示，由一个红外摄像头记录交通状况并发送至电子控制单元；电子控制单元处理视频图像，并发送到仪表板上的显示屏，驾驶人可以通过显示屏看到一幅灰度图像，相当于在远光灯开启时通过风窗玻璃观察汽车前方。

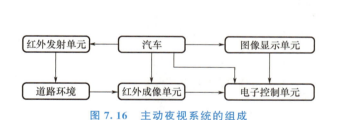

图 7.16　主动夜视系统的组成　　　　图 7.17　主动夜视系统的工作原理

2. 被动夜视系统

被动夜视系统采用热成像技术，基于目标与背景的温度和辐射率的差别，利用辐射测温技术对目标逐点测定辐射强度而形成可见的目标热成像。这种系统本身没有光源，仅识别物体发出的光线，不发出热量的物体看不清或者看不到。图像清晰度取决于天气条件和时间段，图像与实际景象不完全符合。

（1）红外发射单元。红外发射单元位于两个前照灯内，当它被激活时，产生的红外线可照射汽车前方区域，相应的夜视图等同于在远光灯下透过风窗玻璃看到的情景。

（2）红外成像单元。红外成像单元主要利用红外摄像头，记录汽车前方区域内的图像，并提供其探测范围内行人或障碍物的信息，再通过数字视频线将数据发送给电子控制单元。

（3）电子控制单元。电子控制单元分析红外成像单元传来的数据，再通过集成化数据处理，将画面传送给图像显示单元，其中识别的行人和动物高亮显示。一般数字化的 CCD（Charge Coupled Device，电荷耦合元件）摄像头采集到信号后，会进行必要的去噪声、信号增强等处理，再送给图像显示单元。

（4）图像显示单元。图像显示单元接收并显示电子控制单元传来的信号，驾驶人可以清晰地看到前照灯照射范围之外的景物，避免出现意外。

7.2　执行类驾驶辅助技术

7.2.1　自适应巡航控制系统

自适应巡航控制系统1

自适应巡航控制（Adaptive Cruise Control，ACC）系统（图 7.18）是在定速巡航控制系统基础上发展起来的新一代 ADAS。该系统在动作过程中，通过安装在汽车前部的车距传感器持续扫描汽车前方的行驶车辆或道路，采集车距信息，并结合轮速传感器采集的自身车速信息，综合控制汽车的纵向行驶速度。当自车与前方汽车之间的距离不在安全车距范围内时，自适应巡航控制系统电子控制单元通过与制动系统、发动机控制系统协调动作，改变制动力矩和发动机输出功率，控制汽车行驶速度，使自车在一定限速范围内与前方汽车始终保持安全行驶，避免发生追尾事故，同时提高通行效率。如果自车前方没有汽车，则自车按设定的车速巡航行驶。

自适应巡航控制系统2

图 7.18　自适应巡航控制系统

自适应巡航控制系统3

将电动汽车的发动机更换为驱动电动机，通过改变制动力矩和驱动电动机的输出功率控制行驶速度。

燃油汽车自适应巡航控制系统主要由信息感知单元、电子控制单元、执行单元和人机交互界面等组成，如图 7.19 所示。

（1）信息感知单元。信息感知单元主要用于向电子控制单元提供自适应巡航控制系统需要的各种信息，主要由车距传感器、转速传感器、节气门位置传感器、制动踏板传感器、转向盘转角传感器等组成。车距传感器用来获取自车与前方汽车之间的距离信号，一般使用激光雷达或者毫米波雷达，也有使用视频传感器的；转速传感器用于获取实时车速信号；节气门位置传感器用于获取节气门开度信号；制动踏板传感器用于获取制动踏板信号；转向盘转角传感器用于获取汽车转向信息。

自适应巡航控制系统4

（2）电子控制单元。电子控制单元根据驾驶人设定的安全车距及车速，结合信息感知单元传来的信息确定自车行驶状态，决策出汽车的控制策略，并向执行单元输出节气门开度和制动压力信号。例如，当自车与前方目标汽车之间的距离小于设定的安全车距时，电子控制单元计算实际车距与安全距离之差及相对速度，选择减

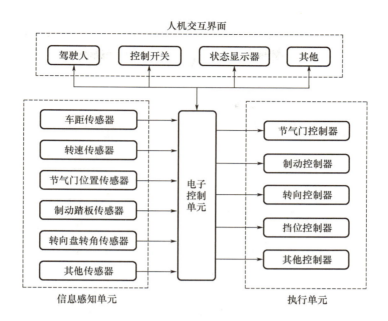

图 7.19 燃油汽车自适应巡航控制系统的组成

速方式,或者通过报警器向驾驶人发出报警,提醒驾驶人采取相应措施。

(3) 执行单元。执行单元主要执行电子控制单元发出的指令,实现自车速度和加速度的调整,包括节气门控制器、制动控制器、转向控制器和挡位控制器等。节气门控制器用于调整节气门的开度,使汽车加速、减速或定速行驶;制动控制器用于控制制动力矩或紧急情况下的制动;转向控制器用于控制汽车行驶方向;挡位控制器用于控制汽车变速器的挡位。

(4) 人机交互界面。人机交互界面用于设定系统参数及系统状态信息显示等。驾驶人可通过设置在仪表板或者转向盘上的人机界面启动或者清除自适应巡航控制系统控制指令。启动自适应巡航控制系统时,要设定自车与前方目标汽车之间的安全距离及在巡航状态下的车速,否则自适应巡航控制系统将自动设置为默认值,但所设的安全车距不可小于设定车速下交通法规规定的安全车距。

电动汽车自适应巡航控制系统也由信息感知单元、电子控制单元、执行单元和人机交互界面等组成,如图 7.20 所示。电动汽车与燃油汽车相比,其自适应巡航控制系统的采集单元没有节气门位置传感器,执行单元没有节气门控制器和挡位控制器,而增加了电机控制器和再生制动控制器。信息感知单元将传感器测量的距离、速度和加速度等信号输入电子控制单元;电子控制单元对自车行驶环境及运动状态进行分析、计算、决策,输出转矩和制动压力信号;执行单元完成电子控制单元的指令,通过控制电动机和制动执行器来调节自车速度;人机交互界面为驾驶人观察系统运行和干预控制提供操作界面。

燃油汽车自适应巡航控制系统的工作原理如图 7.21 (a) 所示。驾驶人启动自适应巡航控制系统后,在汽车行驶过程中,安装在汽车前部的车距传感器持续扫描汽车前方道路,同时转速传感器采集车速信号。如果自车前方没有汽车或与前方目标汽车很远且速度很快,则控制模式选择模块激活巡航模式,自适应巡航控制系统将根据驾驶人设定的车速与转速传感器采集的自车车速的比较,自动调节节气门等,使自车达到设定的车速并巡航

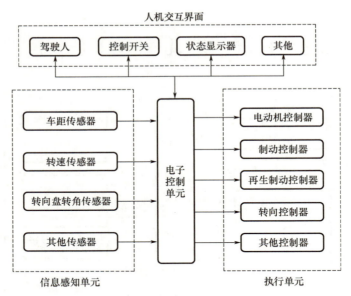

图 7.20　电动汽车自适应巡航控制系统的组成

行驶；如果自车前方存在目标汽车且离自车较近或者速度很慢，则控制模式选择模块激活跟随控制模式，自适应巡航控制系统将根据驾驶人设定的安全车距和转速传感器采集的自车速度计算出期望车距，并与车距传感器采集的实际距离进行比较，自动调节制动压力和节气门开度等，使得汽车以一个安全车距稳定地跟随前方目标汽车行驶。同时自适应巡航控制系统会在人机交互界面显示汽车目前的一些状态参数，方便驾驶人判断，且配有紧急报警系统，在自适应巡航控制系统无法避免碰撞时，及时警告驾驶人并由驾驶人处理紧急状况。

电动汽车自适应巡航控制系统的工作原理如图 7.21（b）所示，与燃油汽车自适应巡航控制系统的基本相同，唯一区别是燃油汽车控制的是节气门开度，调节发动机的输出转矩；电动汽车控制的是电动机转矩，调节电动机的输出转矩，而且增加了再生制动控制。

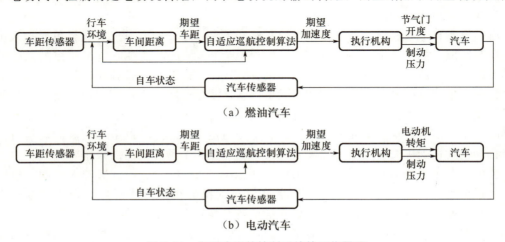

图 7.21　自适应巡航控制系统的工作原理

自适应巡航控制系统的工作模式有定速巡航、减速控制、跟随控制、加速控制、停车控制和起动控制等，如图 7.22 所示。图中假设自车车速为 100km/h，目标汽车车速为 80km/h。

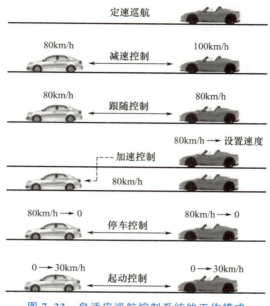

图 7.22　自适应巡航控制系统的工作模式

（1）定速巡航。定速巡航是自适应巡航控制系统最基本的功能。行驶当自车前方无目标汽车时，自车处于普通的巡航行驶状态，自适应巡航控制系统按照设定的行驶车速对汽车进行定速巡航控制。

（2）减速控制。当自车前方有目标汽车且目标汽车的行驶速度小于自车车速时，自适应巡航控制系统控制自车进行减速，确保自车与前方目标汽车之间的距离为设定的安全车距。

（3）跟随控制。当自适应巡航控制系统将自车速度减至设定车速后，采用跟随控制，以与前方目标汽车相同的速度行驶。

（4）加速控制。当前方目标汽车加速行驶或者发生移线，或自车移线行驶使得前方无汽车时，自适应巡航控制系统对主车进行加速控制，使自车恢复设定车速。在恢复设定车速后，自适应巡航控制系统转入对自车的巡航控制。

（5）停车控制。若前方目标汽车减速停车，则自车也减速停车。

（6）起动控制。若自车处于停车等待状态，则当前方目标汽车突然起动时，自车也起动，与前方目标汽车行驶状态保持一致。

驾驶人参与汽车驾驶后，自适应巡航控制系统自动退出对汽车的控制。

7.2.2　自动制动辅助系统

自动制动辅助（Autonomous Emergency Braking，AEB）系统（图 7.23）也称自动紧急制动系统，**是指汽车在非自适应巡航的情况下正常行驶，当汽车遇到突发危险情况或与前车及行人距离小于安全距离时主动制动**（但具备这种功能的车辆并不一定能够完全停车)，避免或减少追尾等碰撞事故的发生，从而提高行车安全性的系统。

自动制动
辅助系统1

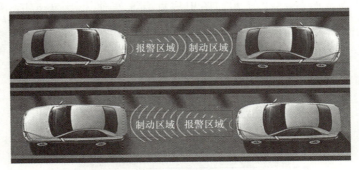

图7.23 自动制动辅助系统

很多汽车生产企业都有自己的碰撞预警系统，都集成了自动制动辅助功能，但各生产企业的叫法不同，功能的实现效果和技术细节也不同。

自动制动辅助系统主要由行车环境信息采集单元、电子控制单元和执行单元等组成，如图7.24所示。

自动制动
辅助系统2

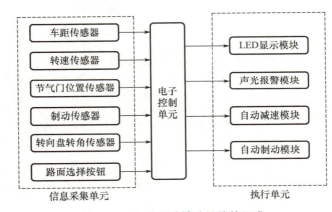

图7.24 自动制动辅助系统的组成

（1）信息采集单元。信息采集单元由车距传感器、转速传感器、节气门位置传感器、制动传感器、转向盘转角传感器、路面选择按钮等组成，对行车环境进行实时监测，得到相关行车信息。

（2）电子控制单元。电子控制单元接收信息采集单元发出的检测信号后，综合搜集到的数据信息，按照一定的算法对汽车行驶状态进行分析计算，判断汽车使用的预警状态模型，同时对执行单元发出控制指令。

（3）执行单元。执行单元可以由多个模块组成，如LED显示模块、声光报警模块、自动减速模块和自动制动模块等，根据系统的不同而不同。执行单元接收电子控制单元发出的指令，并执行相应的动作，达到预期的预警效果，实现相应的制动功能。

自动制动辅助系统通过车距传感器测出与前车或者障碍物的距离，再利用电子控制单元将测出的距离与报警距离、安全车距等进行比较，小于报警距离时报警；小于安全车距时，即使在驾驶人没来得及踩制动踏板的情况下，自动制动辅助系统也会启动，使汽车自动制动，保证行车安全性。

图 7.25 所示为某汽车自动制动辅助系统的工作过程。自动制动辅助系统从传感器探测到前方目标汽车开始，持续监测与前方目标汽车之间的距离及其车速，同时从总线获取自车车速信息，通过简单的运算，结合对普通驾驶人的反应能力的研究，判断当前形势并作出合适的应对。

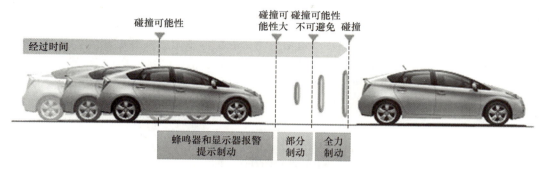

图 7.25 某汽车自动制动辅助系统的工作过程

自动制动辅助系统主要有三种类型，即城市专用自动制动辅助系统、高速公路专用自动制动辅助系统和行人保护专用自动制动辅助系统。

（1）城市专用自动制动辅助系统。城市交通事故大多发生在路口等待、交通拥堵等情况下，因为驾驶人注意力分散，忽视了自车车速和与前方汽车的距离，造成碰撞事故。城市内的驾驶特点是速度慢，易发生不严重的碰撞。城市专用自动制动辅助系统可以检测前方路况与汽车移动情况，如果探测到潜在风险，则采取预制动措施，提醒驾驶人风险所在；如果在反应时间内未接到驾驶人的指令，则自动制动以避免事故。在任何时间点，如果驾驶人采取紧急制动或猛打转向盘等措施，则该系统停止。

（2）高速公路专用自动制动辅助系统。在高速公路上发生的事故与城市交通事故特点不同。高速公路上的驾驶人可能疲劳驾驶，当意识到危险时车速过快而无法控制汽车。为了保证这种行驶情况下的安全，自动制动辅助系统必须用相应的控制策略应对。系统在汽车高速行驶的状态下工作，首先通过报警来提醒驾驶人潜在危险。如果在反应时间内，驾驶人没有任何反应，则系统第二次启动，比如突然的制动或者安全带收紧，此时制动器将调至预制动状态，如果驾驶人依然没有反应，那么该系统将自动实施制动。

（3）行人保护专用自动制动辅助系统（图 7.26）。除探测道路上的汽车外，还有一类自动制动辅助系统是用来检测行人和其他公路上的弱势群体的。通过汽车上的前置摄像头传输的图像，可以辨别出行人的特征，通过计算相对运动的路径，确定是否有撞击的危险。如果有危险，则系统发出警告，并在安全车距内采用全制动使汽车停止行驶。实际生活中，预测行人行为是比较困难的，系统控制算法也非常复

图 7.26 行人保护专用自动制动辅助系统

杂，系统需要在危险发生前迅速作出正确判断，并有效地作出响应，防止危险发生，同时需要避免系统在特定情况下误触发。

7.2.3 车道保持辅助系统

车道居中保持辅助系统

车道保持辅助系统（Lane Keeping Assist System，LKAS）（图7.27）是一种能主动监测汽车行驶时的横向偏移，并对转向和制动系统进行协调控制的系统。该系统是在车道偏离预警系统的基础上发展起来的，能够主动纠正车道偏离现象，使汽车保持在预定的轨道上行驶，从而减轻驾驶人的负担，减少交通事故的发生。

车道保持辅助系统1

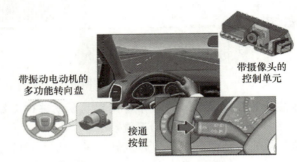

图7.27 车道保持辅助系统

车道保持辅助系统主要由信息采集单元、电子控制单元和执行单元等组成，如图7.28所示。

车道保持辅助系统2

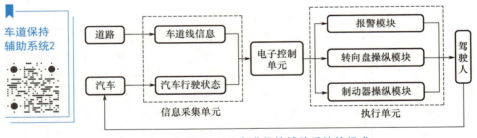

图7.28 车道保持辅助系统的组成

（1）信息采集单元。信息采集单元在车道保持辅助系统中的功能与车道偏离预警系统的功能相似，主要通过车载传感器采集车道信息和汽车自身行驶新消息并发送给电子控制单元。

（2）电子控制单元。电子控制单元主要通过特定的算法处理信息，并判断是否作出车道偏离修正的相应操作。由于电子控制单元的性能直接影响车道偏离及修正的及时性，因此在选择中央处理器和设计控制算法时，要着重考虑运算能力和运算速度。

（3）执行单元。执行单元主要分为三个模块，即报警模块、转向盘操纵模块和制动器操纵模块。其中报警模块与车道偏离预警系统类似，通过转向盘或座椅振动、仪表板显示、声音警报中的一种或多种形式实现。转向盘操纵模块和制动器操纵模块是车道保持辅助系统特有的，主要实现横向运动和纵向运动的协同控制，并保证汽车在车道保持辅助系统工作期间具有一定的行驶稳定性。

车道保持辅助系统可以在行车全程或者速度达到某个阈值后开启，并可以手动关闭，实时保持汽车的行驶轨迹。当系统正常工作时，信息采集单元通过车载传感器采集车道线、车速、转向盘转角及汽车速度等信息。电子控制单元处理这些信息，比较车道线与汽车的行驶方向，判断汽车是否偏离车道。当汽车可能偏离车道时，发出报警信息；当汽车距离偏离车道线小于一定阈值或已有车轮偏离车道线时，电子控制单元计算出辅助操舵力和减速度，根据偏离的程度控制转向盘操纵模块和制动器操纵模块，施加操舵力和制动力使汽车稳定地回到正常轨道；若驾驶人打开转向灯，正常变道行驶，则系统不会作出任何提示。

车道保持辅助系统的工作过程如图7.29所示，在系统起作用时，将不同时刻的汽车行驶图像重叠后可以看出，图中后面起第二个车影已经偏离行驶轨迹，于是系统发出报警信息；第三个车影和第四个车影是系统主动进行车道偏离纠正的过程；在第五个车影处，汽车已经重新处于正确的行驶轨迹上，车道保持辅助系统完成了一个完整的工作周期。

图7.29 车道保持辅助系统的工作过程

7.2.4 自适应前照灯系统

自适应前照灯系统（Adaptive Front-lighting System，AFS）（图7.30）**是根据天气情况、外部光线、道路状况及行驶信息自动控制前照灯角度，避免直射迎面车驾驶人的灯光照明控制系统。**自适应前照灯系统利用车载摄像头识别交通情况，从而控制灯光角度，以保证路面最佳照明和安全性；照射距离达到65～300m，完全可以让驾驶人清晰地观察前路；如果对方车道没有行驶车辆，则前照灯将自动转换为远光灯模式。自适应前照灯系统是未来汽车前照灯系统的主要发展方向。

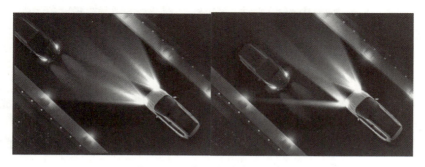

图7.30 自适应前照灯系统

自适应前照灯系统主要由传感器单元、CAN总线传输单元、电子控制单元和执行单元等组成，如图7.31所示。

（1）传感器单元。传感器单元采集汽车当前信息（如车速、汽车姿态、转向盘转角

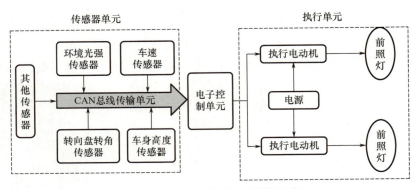

图 7.31　自适应前照灯系统的组成

等）和外部环境（如弯道、坡度和天气等）的变化信息，包括车速传感器、转向盘转角传感器、环境光强传感器、车身高度传感器等。

（2）CAN 总线传输单元。CAN 总线传输单元负责把各传感器采集的信息传输给电子控制单元，实现内部控制与各传感器检测及执行机构之间的数据通信。

（3）电子控制单元。电子控制单元需要对汽车行驶状态作出综合判断，并向执行单元输出脉冲变量。

（4）执行单元。电子控制单元向执行单元的执行电动机输出信号，调节前照灯的照射距离和角度，为驾驶人提供更广阔的视野，保证行车安全性。

自适应前照灯系统能够根据道路和天气环境的变化适时地开启相应的照明模式。图 7.32 所示为自适应前照灯系统不同工作模式下的照明模式。

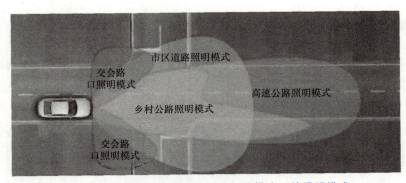

图 7.32　自适应前照灯系统不同工作模式下的照明模式

自适应前照灯系统的主要照明模式有基础照明模式、弯道照明模式、市区道路照明模式、高速公路照明模式、乡村公路照明模式和恶劣天气照明模式等。

（1）基础照明模式。在汽车行驶过程中，当道路状况及环境天气均处于正常状况时，自适应前照灯系统的工作模式为基础照明模式，自适应前照灯系统不做任何调整。

（2）弯道照明模式。当汽车进入弯道时，转向盘转角传感器和车速传感器共同作用，采集数据，电子控制单元根据传感器采集的数据计算出车灯需要偏转的角度，驱动电动机转动以转动前照灯。

（3）市区道路照明模式。市区道路行车的特点是车速较低，车流量和人流量都很大，外界照明条件好，十字路口多，发生随机事故的可能性较大。在这种道路上行车要求视野清晰，防止炫光。

（4）高速公路照明模式。汽车行驶在高速公路上时，当车速传感器检测到车速大于70km/h，并根据GPS判断为高速行驶时，系统自动开启高速公路照明模式。汽车前照灯照射光线随着车速的增大在垂直方向上抬高，以使光线能够照射得更远，保证驾驶人能够在安全车距之外发现前方汽车。

（5）乡村公路照明模式。在乡村公路行驶时，通过环境光强传感器、车速传感器和GPS判断外界行驶条件，决定是否开启乡村公路照明模式。在乡村公路照明模式下，系统通过增大左、右前照灯输出功率，增强光照亮度来补充照明。

（6）恶劣天气照明模式。恶劣天气照明模式主要针对阴雨天气，此时地面积水会将前照灯打在地面上的光线反射至会车驾驶人的眼睛中，使其眩目，进而可能造成交通事故。在阴雨天气下行驶的汽车，自适应前照灯系统根据检测路面湿度、轮胎滑移及雨量传感器判断系统状态为雨天模式，驱动垂直提高电动机，降低前照灯垂直输出角，并调节照射强度，避免反射炫光在60m范围内使迎面行车驾驶人眩目。

7.2.5　自动泊车辅助系统

自动泊车辅助（Automatic Parking Assist，APA）**系统**（图7.33）**是利用车载传感器探测有效泊车空间并辅助控制汽车完成泊车操作的一种系统。**

图7.33　自动泊车辅助系统

与传统的电子辅助功能（比如倒车雷达、倒车影像显示等）相比，自动泊车辅助系统智能化程度更高，减轻了驾驶人的操作负担，有效降低了泊车的事故率。

自动泊车辅助系统主要由感知单元、中央控制器、转向执行机构、人机交互系统等组成，如图7.34所示。

（1）感知单元。感知单元通过车位检测传感器、避障保护传感器、轮速传感器、陀螺仪、挡位传感器等实现对环境信息和汽车自身运动状态的感知，并把感知信息输送给中央控制器。

（2）中央控制器。中央控制器主要分析处理感知单元获取的环境信息及汽车泊车运动控制。在泊车过程中，泊车系统控制器实时接收并处理汽车避障传感器输出的信息，当汽车与周围物体相对距离小于设定安全值时，泊车系统控制器将采取合理的汽车运动控制。

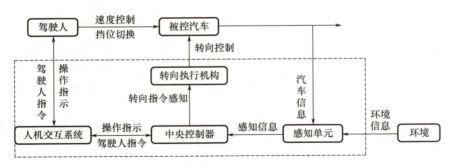

图 7.34 自动泊车辅助系统的组成

(3) 转向执行机构。转向执行机构由转向系统、转向驱动电动机、转向电动机控制器、转向柱转角传感器等组成,接收中央控制器发出的转向指令后执行转向操作。

(4) 人机交互系统。在泊车过程中,人机交互系统显示一些重要信息给驾驶人。

自动泊车辅助系统的工作过程如图 7.35 所示,车载传感器扫描汽车周围环境,通过对环境区域的分析和建模,搜索有效泊车位,当确定目标车位后,系统提示驾驶人停车并自动启动泊车程序,根据所获取车位的大小、位置信息,由程序计算泊车路径,然后自动操作汽车泊车入位。

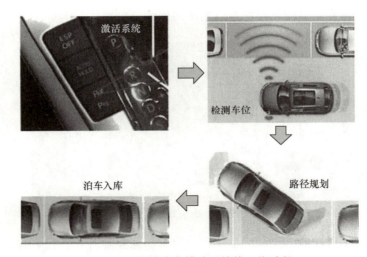

图 7.35 自动泊车辅助系统的工作过程

(1) 激活系统。汽车进入停车区域后缓慢行驶,人工开启自动泊车辅助系统,或者根据车堵自动启动泊车辅助系统。

(2) 检测车位。通过车载传感器获取环境信息,主要采用测距传感器(如雷达)和视觉传感器(如摄像头),然后识别出目标车位。

(3) 路径规划。根据获取的环境信息,中央控制器对汽车和环境建模,计算出一条能使汽车安全泊入车位的路径。

(4) 路径跟踪。通过转角、节气门和制动的协调控制,使汽车跟踪预先规划的泊车路径,实现泊车入库。

在自动泊车辅助系统的基础上,还有远程泊车辅助(Remote Parking Assist, RPA)

系统，其解决了停车后难以打开车门的问题，比如在两边都停了车的车位或在比较狭窄的停车空间。其工作原理是在汽车低速巡航并找到空余车位后，驾驶人挂停车挡并离开汽车。在汽车外，使用手机发送泊车指令，控制汽车完成泊车操作，泊车操作过程与自动泊车辅助系统的泊车操作过程一致。遥控泊车涉及汽车与手机的通信，目前汽车与手机最广泛且稳定的通信方式是蓝牙，虽然没有5G传输距离远，但5G信号并不能保证所有地方都能稳定通信。远程泊车辅助系统常见于特斯拉、宝马、奥迪等的高端车型中。

7.2.6　交通拥堵辅助系统

交通拥堵辅助（Traffic Jam Assistant，TJA）**系统**（图7.36）**融合了自适应巡航控制系统和车道保持辅助系统的功能，实现了横向操控和纵向操控。**自适应巡航控制系统可以持续监控前方车辆，自动调节车速以保持与前方汽车的安全车距；同时，自适应巡航控制系统中的自动跟车功能可以根据前方汽车的情况变化自动加速或减速，使汽车保持预先设定的安全车距。车道保持辅助系统可以辅助驾驶人轻松地使汽车安全行驶在各自车道中。交通拥堵辅助系统让驾驶人轻松面对复杂的交通路况，减轻驾驶人的驾驶压力，为复杂交通路况提供了理想的解决方案。

图7.36　交通拥堵辅助系统

7.3　Autopilot 系统

Autopilot 系统是特斯拉针对旗下电动汽车开发的自动辅助驾驶系统，可以实现汽车在车道内自动辅助转向、自动辅助加速和自动辅助制动。目前，仍需驾驶人主动监控Autopilot 系统。

Autopilot 系统自动辅助驾驶功能示意如图7.37所示。Autopilot 系统会根据车流变化等建议变更车道并作出调整，以优化汽车行驶路线，避免跟在速度较慢的汽车后方；同时可根据目的地信息，自动控制汽车驶入/驶出高速岔路或出口，如图7.37所示黑色车驾驶行为。该系统采用 Tesla Vision 摄像头等传感器，可适应更加复杂的路况，而且可以应对更加复杂的环境和更狭小的车位，使汽车及时避开障碍物，实现汽车召唤等功能，如图7.38所示。

智能网联汽车技术基础

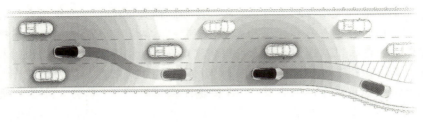

图 7.37 Autopilot 系统自动辅助驾驶功能示意

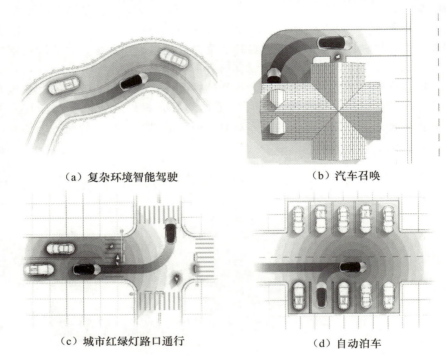

（a）复杂环境智能驾驶　　　　　　　　（b）汽车召唤

（c）城市红绿灯路口通行　　　　　　　（d）自动泊车

图 7.38 Autopilot 系统典型功能

Autopilot 系统

　　　　Autopilot 系统的设计理念是使汽车自主完成短途与长途旅行，无须驾驶座位上的人介入操作。未来预期自动驾驶功能实现过程主要体现在：当需要出行时，将目的地通过语音信息等告知汽车控制系统或者特斯拉汽车的 Autopilot 系统，查看车主/用户的日历并根据其中的行程安排将用户送往目的地，如果日历行程为空，则直接将目的地设置为用户住宅地址。特斯拉汽车的 Autopilot 系统根据出行目的地规划出最佳路线，导航经过城市街道（即使没有车道线），有交通信号灯、停车标志和环岛的复杂路口，车流密集的高速公路，实现将车主/用户送达指定地点的目标。当到达目的地后，驾乘人员只需在停车场入口下车，之后特斯拉进入车位搜寻模式，自行寻找停车位并自动泊车。当返回停车场入口时，可使用手机 App 等将特斯拉"召唤"至驾乘人员旁边。目前受限于技术可靠性，未完全完成实车整车周期验证及行政审批等，该系统未完全开放和应用；后续完全自动驾驶功能可通过空中下载技术（Over-the-Air Technology，OTA）更新而持续升级，从而完成系统的自动驾驶功能应用。

除此之外，Autopilot 系统还集成了包括碰撞预警和自动紧急制动等主动安全技术，其是 ADAS 的多种子系统功能的集成，例如自动紧急制动、侧撞预警、前撞预警、自动远光灯等。特斯拉 Autopilot 2.0 具有的增强自动辅助驾驶功能见表 7-3。

表 7-3 特斯拉 Autopilot 2.0 具有的增强自动辅助驾驶功能

功能名称	主动巡航控制	辅助转向（测试功能）	自动变道
功能描述	前方通畅，主动巡航控制系统将维持特定的行驶速度；如果检测到汽车主动巡航控制系统将根据需要降低 Model S 的车速，与前方汽车保持基于选定时间的距离，直至达到设定的速度	以主动巡航控制为基础，能在已设定速度巡航时，让 Model S 保持在车道内	主动巡航控制和辅助转向处于工作时，可以使用自动变道功能将汽车驶入相邻车道，其间无须转动转向盘
使用场景	高速公路等干燥的直路	快速路和进出受限的道路，依赖车道线	具有清晰车道线的公路和主路，以及需要最小限度转向和驾驶人干预的相对可预测情况。仅适用于高速路（即带有驶入或驶出匝道）变道情况
受限场景	市内道路；急弯的曲折道路；结冰或湿滑路面；天气条件不宜行驶（比如大雨、大雪、浓雾等能见度差的天气）；强光；传感器损坏、被遮挡或被干扰；主动巡航无法基于路况和驾驶条件调节行驶速度	除主动巡航控制受限场景外，还不宜在坡道和接近收费站的地方开启	除主动巡航控制和辅助转向受限场景外，还包括以下受限场景：自动变道系统无法准确地确定车道线，如车道线过度磨损、物体或风景在车道线上留下很深的阴影等；开启转弯指示灯时，侧撞预警激活；过于靠近前方车辆行驶，会阻挡摄像头摄影
使用的传感器	毫米波雷达、前视摄像头	毫米波雷达、前视摄像头、超声波雷达	毫米波雷达、前视摄像头、超声波雷达
开启条件	前方无车，车速≥30km/h；前方有车，任何车速甚至停驶状态	车道线清晰，行驶车速≥30km/h；前方有车根据前车确定车道，可在任何车速甚至停驶状态下启用	自动变道设置开启；转弯指示灯启用；辅助转向主动操控汽车转向；超声波传感器检测到目标车道中央没有车辆或障碍；车道标志表示允许进行变道；摄像头的视野未被阻挡；车道辅助未检测到盲区内有车辆；变道到一半时，自动变道能检测到目标车道的外侧车道线；行驶速度≥45km/h
开启方式	开启：向自己拉动一次巡航控制手柄；调整跟车距离：转动巡航控制手柄；调整车速：向上或向下拨动巡航控制手柄	开启：向自己拉动一次巡航控制手柄	开启：主动巡航和辅助转向处于活动状态时，拨动转向开关

续表

功能名称	主动巡航控制	辅助转向（测试功能）	自动变道
工作状态	前方无车，定速巡航；前方有车，根据需要提高或降低车速，在设定速度下保持选择的跟车距离；检测到前方不再有车时，加速提升至设定车速；在驶入/驶出弯道时，适当调节车速	多数情况下，辅助转向会尝试使汽车保持在行驶车道中间；如果传感器检测到存在障碍物（如车辆和护栏），那么辅助转向可能会按偏离车道中央的行驶路线操控汽车转向	超车加速模式激活，汽车加速接近前方汽车；汽车检测目标车道内无障碍物或车辆，则开始变道；自动变道系统检测目标车道外侧车道线，检测到后完成变道；完成一次变道后，需要再次通过转向指示灯启用自动变道

1. 什么是 ADAS？它与自动驾驶的关系是什么？
2. ADAS 按功能分为哪几类？各类有哪些典型功能？
3. 如何计算安全车距？
4. ADAS 的哪些功能可以控制汽车运动？哪些不能？
5. Autopilot 系统主要集成实现了哪些 ADAS 功能？

第 8 章
车辆道路协同与智能交通

教学目标

1. 熟悉车路协同系统的概念和基本组成。
2. 熟悉车路协同控制的原理。
3. 熟悉队列群控的方法。
4. 了解智能交通的基本概念和应用场景。

教学要求

知识要点	能力要求	相关知识
车路协同系统	熟悉车路协同系统的概念，组成；了解车路协同系统的交互场景和方式	车路协同、OBU、RSU、V2X 等
车路协同控制	熟悉车路协同控制的原理	车速引导、最优行驶车速
队列群控	熟悉队列群控的方法；了解典型队列群控的应用场景	ACC、CACC 等
智能交通系统	了解智能交通系统的定义、组成和关键技术等	交通三要素、GIS-T 等

车辆实际运行于特定的交通系统中,从交通角度看,时下智能网联汽车变成介入智能交通的智能设备,是将单点智能进化成群体智能的基础。基于对智能交通及更复杂的智慧城市的未来展望,本章聚焦于在智能交通体系下,智能网联汽车与交通系统的交互过程和技术要点,即人、车、路三要素捆绑在一起的条件下,实现智能交通通行的协调控制技术及解决方案,了解智慧城市建设对交通和汽车行业的影响趋势。

8.1　车路协同系统

车路协同技术是以能够实现交通智能化管理、动态交通信息服务等的智能交通系统职能为目的,**以车内网、车际网和车载互联网为基础,遵循一定通信协议与交互标准,在相互独立的交通元素之间进行通信与数据传输的大系统网络技术**,是传统物联网与传感网络技术在交通领域的延伸。

车路协同技术虽然迅速成为时下交通领域的研究重点与热点,但其成果迁移到智能交通领域的过程相对缓慢:一方面出于对系统安全的考虑,相关软、硬件设备的标准和测试工作需要一定的时间检验完善;另一方面想将车联网成果真正有效地用于改善现有交通环境、缓解当前交通难题,还需要研究人员在充分了解车联网技术特征的情况下,结合具体问题实践验证。

图8.1所示为车路协同系统的组成。车路协同系统通过先进通信网络将人、车、路三个基本交通要素捆绑在一起,定制化开发各要素上的终端软、硬件,实现对要素数据与指令的交互。因此衍生了以下通信模式:V2V(Vehicle to Vehicle,车辆间互相通信);V2I(Vehicle to Infrastructure,车辆与智能交通设备/物联网设施间通信);V2C(Vehicle to Cloud,车辆与移动互联网生态通信);V2A(Vehicle to Appliance,车辆与人类生活相关的智能设备间通信)。

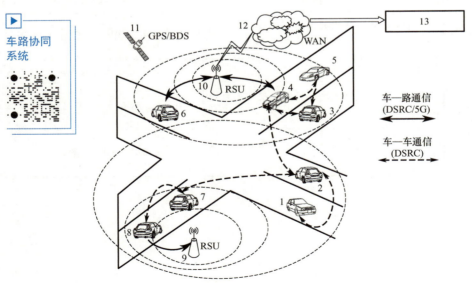

1~8—车载单元;9,10—路侧单元;11—车辆定位系统;12—云端;13—交通管控中心

图8.1　车路协同系统的组成

通过上述丰富的通信模式和配套应用服务，构建多个系统应用平台，以全面提升智能网联汽车的行驶效率。

以上通信模式统称 V2X 通信网络，其展示了车联网技术在解决传统交通问题的过程中，对传统交通的改造或变革。

(1) 近场自组织通信。

车联网通信手段支持各节点在通信范围内自动组网，使得各终端的数据在整个网络内实时共享。当选定路侧终端为主节点时，驶入其通信范围内的车辆能够第一时间感应到组网信息和相关指令；驶离后能迅速断开，便于在交叉口场景进行数据采集和交互。

(2) 高实时性稳定传输。

以低延迟、低丢包率为代表的各类车联网通信协议具有比传统移动网络稳定的数据传输功能，从而确保数据可靠性，便于主节点在区域内进行统一协同管理或编队控制。

(3) 多源异构节点交互。

车联网通信将各类终端连接在一起，且不对其数据结构作出限定，使其构成一个复杂的多源异构通信网络，网络中的各智能设备或智能终端能够自由发送具有自身特征的数据包，接收方也可以选择性地解析与其相关的内容。

考虑到未来智能车载终端与路侧单元普及后，将形成路网的海量实时交通数据，这些数据与检测器等间接获取数据的设备相比，具有更直接、更准确的特点。例如，车辆总线中的车载诊断（On Board Diagnostics，OBD）数据可以非常直观地反映车辆实时状态与历史状态，利于为更复杂的数据分析系统提供更多样的数据支持，所以数据驱动的交通分析与管控模式越发重要。

交通路网运行效率提升，需要精确检测实时交通状况和突发事件，从而引导交通流。此类基于交通检测数据的交通疏导应用研究的解决方案落地困难的原因有以下两点：一是受技术条件和成本限制，以外部检测器为数据源的方案能提供的数据种类比较单一，受检测器精度影响大，难以还原复杂的原始交通状态；二是很多借助交通仿真软件取得的研究成果考虑的场景过于简单，与实际交通状况不符。随着车联网技术深入发展，路网上的车辆和智能设备将通过无线网络彼此分享信息、协同运行，越来越多的交通数据被挖掘出来以提高交通运行效率。事实上，车辆本身就装有大量传感器，各类数据被用于检测车辆状态，保证行车安全性或进行智能辅助驾驶，绝大多数数据都可以通过车载诊断接口获得，对数据进行进一步处理和分析，可提取交通评价中的统计量，如停车次数、履行时间等。汇总路段上一定时间内的车辆数据，并结合交通外部检测数据，可极大地提高交通评价方法的精度，也为智能交通建设提供有效的数据支撑。

车路协同系统模式包含两部分——车载终端（On Board Unit，OBU）和路侧单元（Road Side Unit，RSU），能协同完成车辆运行数据的采集、处理和评价工作。车路协同系统的结构如图 8.2 所示。

车路协同系统有以下两个核心功能。

(1) 智能网联汽车信息交互。

车载终端不仅承担着车辆的基本咨询、娱乐、导航功能，而且在车联网环境下更多信息传递和辅助驾驶功能将通过它与驾驶人交互。因此，车载终端成为车辆数据交互中心，通过采集车辆车载诊断数据，完成车辆状态诊断、驾驶行为报告等辅助功能，并通过多种网络通信渠道将更多有价值的交通信息（如智能停车场的车位数据、前方路口的信号灯状

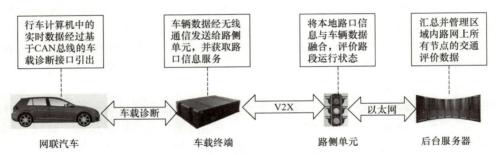

图 8.2 车路协同系统的结构

态数据等）传递给驾驶人。

(2) 基于车辆数据的实时交通状态感知。

车载终端与路侧单元在通信范围内将建立起稳定的车路通信。部分车辆数据将在路侧单元指令下进行处理和长传。路侧单元处理和计算单位时间内的所有有效数据，得出该路段的交通状态，并支持将该状态上传至远程服务器。

交通评价系统通过车载终端与路侧单元协同工作，车载终端持续向与其建立连接的路侧单元发送车辆定位数据，路侧单元根据车辆位置向车载终端下达数据记录、处理与发送的指令，并校验上传数据的可靠性。图 8.3 所示为车路数据交互场景。

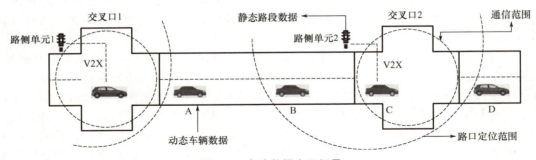

图 8.3 车路数据交互场景

交通评价系统可以实现人、车、路的信息交互共享，可以将前方路口状态提供给驾驶人；数据在车载终端中自动统计计算，在开阔路口通信，减少通信过程中产生的错误数据和误差，既可以降低路侧单元的计算能力和计算速度要求，又可以保证智能网联汽车的单车智能行驶。

8.2　车路协同控制

随着车路协同、智能网联汽车技术的广泛应用，基于车路协同的交通控制技术研究与开发提上日程。当下各种协同控制开发方案和技术架构不断被提出和实践应用，但取得实际效果的技术方案有限，但以车速引导方式实现车路协同控制的技术解决方案相对成熟，效果较好。下面以城市干线的智能网联汽车车速引导方法为例，简单介绍车路协同控制的要点。

基于车路协同的交通信号控制系统如图 8.4 所示，主要包括智能路侧单元、车路信息融合处理中心。智能网联汽车在行驶过程中通过车路通信网络实时上传速度、加速度、车距、高精度定位信息。智能路侧单元实时采集并上传当前交通信号配时信息、交通流量等信息。车路信息融合处理中心将车辆及路侧实时数据融合处理，计算出当前路段车辆最优行驶车速、车队规模和配时优化信息，并下发至智能路侧单元进行信息共享。

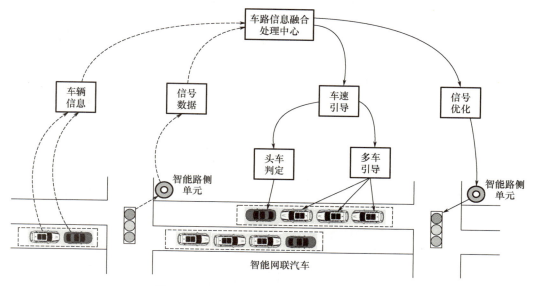

图 8.4 基于车路协同的交通信号控制系统

在上述体系架构下，将城市干线路段划分为缓冲区和引导区，如图 8.5 所示。缓冲区内车辆完成车路组网，并根据交通起止点（Origin Destination，OD）信息决定直行或变道。进入引导区后，车辆根据当前交叉口交通信号配时信息及车辆状态计算最优行驶车速，按照车辆进入引导区的顺序，系统分别进行车速引导。

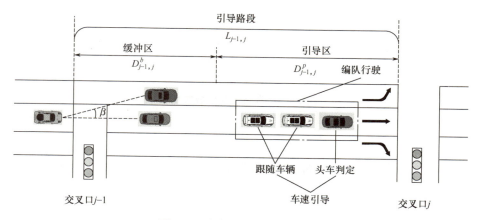

图 8.5 城市干线路段区域划分

在图 8.5 中，$j-1$ 和 j 为交叉口编号；$L_{j-1,j}$ 为路段长度；$D^b_{j-1,j}$ 和 $D^g_{j-1,j}$ 分别为车辆由西向东行驶路段的缓冲区长度和引导区长度。规定车辆通过停止线后，非直行车辆立刻开始变道。由车辆行驶轨迹可计算出缓冲区长度和引导区长度：

$$\begin{cases} D^b_{j-1,j} = v_{\max} t_c \cos\beta \\ D^g_{j-1,j} = l_{j-1,j} - D^b_{j-1,j} \end{cases} \tag{8-1}$$

式中，$v_{\max}$ 为路段允许行驶的最大车速；t_c 为车辆最长变道时间；β 为车辆最小变道偏转角度，以此确保缓冲区长度满足所有非直行车辆的变道需求。

车速引导流程框图如图 8.6 所示。在确定当前信号周期内最后一辆车进入引导区后，以该区域所有车辆停车时间最短为目标，确定车辆的车速，引导车辆实现车路协同控制，即以车队形式通过该段城市主干线和交叉口。车速引导模式分为不停车通过交叉口（模式 1）和停车时间最短（模式 2），两者优化目标有差异。

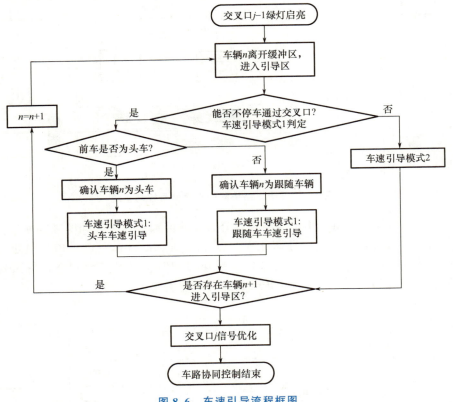

图 8.6　车速引导流程框图

8.3　队列群控

车辆编队控制的目的在于对道路上行驶的无序车辆进行编队组合，从而作为整体控制。控制系统的核心是将车队行驶路线相同的所有车辆的运行状态（即速度、加速度、车距等）归于一致，从而简化交通控制对象和提高车辆行驶安全性。**车辆队列行驶首先需要满足安全性要求，即队列中的相邻车辆相对速度为零、相邻车辆前后车间距一致、所有单体车辆加速度一致**；同时需要保证队列行驶的稳定性，即**任意车辆的车速和车距变化造成的差值不会影响整体队列的行驶状态**。

与单车控制方式类似，车辆队列协同控制方式包括横向运动控制和纵向运动控制。横向运动控制的目的是保证队列中的车辆保持在同一车道且不偏离行驶车道，以及需要变道行驶时车辆队列在不同车道之间统一变道和超车等。纵向运动控制主要统一控制队列中的车辆状态（即速度、加速度、车距等），从而保证车辆队列的行驶安全性和队列稳定性。车辆队列纵向运动控制模型是车辆队列协同控制最基本的控制模型，下面主要以车辆队列的纵向运动控制为例，讲解队列群控。

车辆队列行驶是指沿道路同一方向两辆及两辆以上的汽车，保持固定的车距和相同的速度，以队列行进的方式行驶。受限于驾驶人的经验和车辆控制技术差异，依靠驾驶人操作来保证车距和相对车速往往会造成车辆队列行驶速度较低、车距较大。因此，队列群控的车辆需是加装自动驾驶装置的智能网联汽车，同时保证驾驶人对车辆有最终控制权。车辆通过加装多种传感器（如摄像头、雷达）等环境识别装置，并采用车—车通信方式，可获取多车行驶信息，后车自动保持一定的安全距离，按照前车行驶的路线及操作方式行驶，整个车辆队列作为整体控制，如图 8.7 所示。由于期望加速度与车距控制在整个车队中同步进行，因此每辆车均同步获得其他车辆的控制命令，可见车队行驶方式可以实现更高的平均车速，并大大减小车距，提高道路通行能力和通行效率。

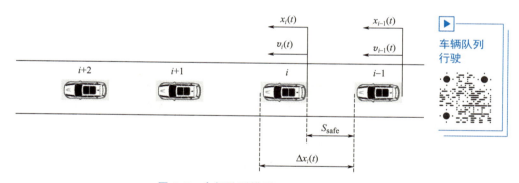

图 8.7 车辆队列模型

在图 8.7 中，车辆队列中第 i 辆车的位置信息用 x_i 表示，速度和加速度分别通过对其求一阶导数和二阶导数得到。车辆队列同向纵向行驶时，队列中的车辆均保持固定车距，跟随头车行驶。设第 i 辆车和第 $i-1$ 辆车之间的距离为 Δx_i，理想车距为保证车与车之间不相撞的最小距离，假设为 D。可由下列方程组求得车队中第 i 辆车的加速度 $\ddot{x}_i$、速度（$\dot{x}_i$）和位移（x_i）。

$$\begin{cases} \ddot{x}_i(t) = \ddot{x}_i(t-\Delta) + \dddot{x}_i(t)\Delta \\ \dot{x}_i(t) = \dot{x}_i(t-\Delta) + \ddot{x}_i(t)\Delta \\ x_i(t) = x_i(t-\Delta) + \dot{x}_i(t)\Delta + \frac{1}{2}\ddot{x}_i(t)\Delta^2 \end{cases} \quad (8-2)$$

式中，t 为控制系统当前运行时刻；Δ 为控制系统命令周期；$\dddot{x}_i$ 为加速度变化率。

车辆队列模型的控制目标如下。

(1) 队列中任意车辆的加速度趋近于 0，$\lim\limits_{t\to\infty}\ddot{x}_i(t)=0$。

(2) 假设理想车距为 D，理想车距差值（又称车间距偏差）趋近于 0，$\lim\limits_{t\to\infty}|x_i(t)-x_{i-1}(t)-D|=0$。

(3) 队列中第 i 辆车与第 $i-1$ 辆车之间的相对速度趋近于 0，$\lim\limits_{t\to\infty}|\dot{x}_i(t)-\dot{x}_{i-1}(t)|=0$。

(4) 当头车车速达到稳定速度时，被控车的加速度变化率为 0，$\lim\limits_{t\to\infty}\dddot{x}_i(t)=0$

车辆队列行驶需要选择相同的控制方式对车辆进行统一管理。车辆队列控制方式有集中式和分散式（分布式）。

车辆队列中所有行驶状态信息首先发送到中央控制器的方式称为集中式，各车辆的行驶行为由中央控制器统一规划。集中式控制在理论上可以达到队列行驶的最优控制效果，但是必须满足中央控制器获得所有车辆信息，并且要求无线通信带宽满足所有车辆数据交互。除此之外，集中式控制需要解决队列高维度的优化问题，而中央处理器信息处理量过大，容易导致控制系统滞后，对系统实时性能和运行效率造成严重影响。

分散式控制不存在中央控制器，队列中的车辆仅能获得附近车辆的行驶状态信息。分散式控制不能达到最优控制效果，但对车—车通信带宽要求低、控制速度快，适合实时性要求高的车辆队列控制。通过加装车—车通信系统和其他传感器获取周边车辆及道路交通情况信息的高速行驶车辆队列，是安全性和稳定性要求很高的实时控制系统。因此最适用的控制方式是分散式控制。

目前车辆队列分布式控制有以下两种应用模式。

(1) 自适应巡航控制。

自适应巡航控制的主要功能是根据当前交通情况控制车速和车距，保持车辆控制系统与前车的行驶状态。通过在车身安装车距传感器检测道路前方行驶车辆。自适应巡航控制根据传感器信息自动调节加速和制动来实现与前车车速一致，并保持一定的安全车距。前方没有车辆时，自适应巡航控制会控制车辆按设定速度巡航行驶。该系统通过多车统一状态行驶提高了道路通行能力，并保证了车辆在无人干预情况下的行驶安全性，是常用的车辆队列分布式控制。

(2) 协同自适应巡航控制。

协同自适应巡航控制（Cooperative Adaptive Cruise Control，CACC）是在自适应巡航控制系统上安装了车—车通信单元后升级的系统。除了具备所有自适应巡航控制的功能外，还可以接收周边车辆行驶状态信息和道路交通传感器信息，从而获取更多信息来完成巡航控制功能，可以更好地缩短车距并提高道路通行能力。

车辆队列行驶需要满足安全性和稳定性条件。图 8.8 所示为车辆队列中两车同向行驶时的安全车距。通过车路协同控制，车辆在队列行驶过程中可以保持较小的车距，但必须满足一定的安全车距。当车距小于安全车距时，车辆队列存在安全隐患，此时控制系统会自动开启避撞控制功能，自动增大车距，避免发生碰撞事故。

如图 8.8 所示，n 号车为后车，$n-1$ 号车为前车，两车同向行驶。通常情况下，车辆

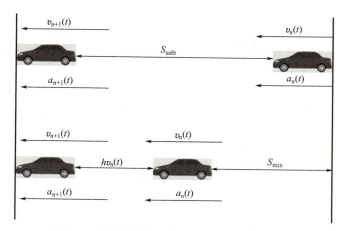

图 8.8　车辆队列中两车同向行驶时的安全车距

平均制动减速度应该为 $3\sim4\text{m/s}^2$，紧急情况下的最大制动减速度为 $7.5\sim8.5\text{m/s}^2$。因此综合考虑驾乘人员舒适性和车辆制动能力，除特殊情况外，制动减速度不应超过 8.5m/s^2。

n 号车在 t 时刻的初速度为 $v_n(t)$，定义 $S_{\min}$ 为按照最大制动减速度停车后的制动距离，则有

$$S_{\min}=\frac{v_n^2(t)}{2|a_{-\max}|} \tag{8-3}$$

在行驶过程中当车辆队列速度不存在骤变时，为简化模型，可以假设制动距离 $S_{\min}$ 为常数。

n 号车至少需要与前车保持 $hv_n(t)$，以保证当 $n+1$ 号车突然停车时，n 号车按最大制动减速度制动可保证不发生追尾。h 表示固定车距，在 t 时刻，n 号车的安全车距定义为 $S_{\text{safe}}(t)$，计算公式如下：

$$S_{\text{safe}}(t)=hv_n(t)+S_{\min} \tag{8-4}$$

如图 8.8 所示，n 号车与 $n+1$ 号车的实际车距

$$S_n(t)=x_{n+1}(t)-x_n(t)-l \tag{8-5}$$

式中，l 为车辆长度；$x_n(t)$ 和 $x_{n+1}(t)$ 分别为 n 号车和 $n+1$ 号车的位置。

第 i 辆车的理想车距差值 $\delta_n(t)$ 定义为

$$\delta_n(t)=S_n(t)-S_{\text{safe}}(t)=S_n(t)-hv_n(t)-S_{\min} \tag{8-6}$$

所以在保证车辆队列按最小车距行驶的同时，要保证避免发生碰撞事故，车辆队列协同避撞控制模型的控制目标 $\delta_n(t)\to 0$，即理想车距差值等于 0，这是最理想的车距控制效果。

车辆队列除了满足安全性要求外，作为一个整体，还需要保持整体的稳定性。保证车辆队列的稳定性是队列行驶的基本条件。车辆队列稳定性是指车辆队列行驶过程中，单体车辆的速度变化或控制系统扰动不会造成向后邻近车辆的速度和理想车距差值沿队列行驶方向的繁衍、放大，并且随着车辆队列长度的增大，扰动会逐渐减弱，最终趋近于零，避免出现交通安全隐患。车辆队列控制稳定性的研究方法在不同领域有所差异，按队列中车辆数目不同分为个体稳定性和整体稳定性。

在分析车辆队列稳定性前,假设车辆队列控制系统的所有车辆初始状态是一致的,基于相邻前后两车理想车值的差值建立传递函数,求出车辆队列稳定性条件,具体定义为当相邻两车理想车距差值的传递函数 G_∞ 的范数小于或等于 1 时,当前系统稳定。

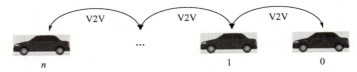

图 8.9 车辆队列编号

车辆队列编号如图 8.9 所示,从队尾 0 号车开始按顺序编号,定义车辆队列中 n 号车与其前车($n+1$ 号车)的理想车距差值的传递函数为

$$G_n(s) = \frac{\delta_n(t)}{\delta_{n+1}(t)} \quad (n=1,2,3,4\cdots) \tag{8-7}$$

要满足车辆队列稳定性条件,需要该传递函数的范数小于或等于 1($\|G_n(s)\|_\infty \leqslant 1$),即理想车距差值满足

$$\|\delta_n(s)\|_\infty \leqslant \|\delta_{n+1}(s)\|_\infty \quad (n=1,2,3,4\cdots) \tag{8-8}$$

或者

$$\|g_n(t)\| \leqslant 1 \quad (n=1,2,3,4\cdots) \tag{8-9}$$

式中,$g_n(t)$ 为传递函数 $G_n(s)$ 的时间函数或冲击响应。

由车辆队列稳定性条件可知,如果满足 $\|G_n(s)\| \leqslant 1$,那么初始条件为

$$\|G_n(0)\| \leqslant 1 \tag{8-10}$$

表示 $\left|\int_0^\infty g_n(\tau)\mathrm{d}\tau\right| \leqslant 1$,由于 $g_n(t)$ 不会改变符号,因此有

$$\int_0^\infty |g_n(\tau)|\mathrm{d}\tau \leqslant 1$$

或

$$\|g_n(t)\| \leqslant 1 \tag{8-11}$$

说明如果车辆队列中某辆车的速度发生微小变化,则后续车辆的速度和理想车距差值不会沿着车辆队列行驶方向增大而逐渐减小。这种衰减效果会随着时间变化而增强,最终使得变化趋近于零,即单体车辆状态变化不会造成车辆队列的不稳定。

在满足安全性和稳定性的条件下,可以设计智能网联汽车编队的控制技术。首先假设研究对象是高速公路同向行驶的车辆组成队列,队尾车辆编号为 0,依此类推,如图 8.10 所示。车辆队列同向行驶,通过车—车通信获取控制系统的信息,涉及参数有车速、加速度、车距,并假设无线通信正常,不存在延迟。

图 8.10 n 辆车的车辆队列

在车辆队列纵向行驶时,最理想的控制效果是所有车辆保持最小、稳定不变的车距同向行驶。在实际行驶过程中,随着车辆运行状态的不断变化,车距需要做相应的调整,才能满足车辆队列行驶安全性要求。车距调整主要根据车速的变化确定。由经验可知,随着车速的提高,保证车辆行驶安全性所需车距也应增大;当车速降低时,车距保持在较小的范围也可以保证车辆行驶安全性,此时队列中的车辆可以较紧凑地行驶。所以在建立车辆队列控制模型时,需要综合考虑当前车速和车距的要求,并判断当前的期望加速度是否在合理的范围内且没有与其他车辆碰撞的隐患。实现该控制思想的模型和方法众多,常用滑模控制(具有滑动模态的变结构控制)这种非线性鲁棒控制方法,其核心是计算当前行驶状态下的临界期望加速度,定义期望加速度的滑模切换函数,使其趋近于零,通过设定不同的趋近律,计算函数的相关参数,保证其满足趋近于零的条件,由此代入滑模控制方程,进一步求解位移、车速、加速度需要满足的条件,并下发给车辆的纵向运动控制系统和横向运动控制系统,实现车辆协同运动。

8.4 智能交通系统

智能交通系统(Intelligent Transportation System,ITS)是未来交通系统的发展方向,它在较完善的基础设施上**将物联网、大数据、云计算、人工智能、传感器、数据通信、运筹学、电子控制与传感技术、自动控制技术、信息技术及计算机处理技术等有效地集成运用于交通运输、服务控制和车辆等整个地面交通管理系统**,加强车辆、道路、使用者之间的联系,形成一种保障安全、提高效率、改善环境、节约能源的综合运输体系,建立一种在大范围内全方位发挥作用的实时、准确、高效的综合交通运输管理系统。

智能交通

智能交通系统以新的方式呈现交通系统中的三大要素——人、车、路的相互作用关系。智能交通系统的提出和大力发展能够提高道路使用率,大幅降低汽车能耗,使交通拥堵减少、短途运输效率提高、现有道路通行能力提高。该系统有以下两个特点:一是着眼于交通信息的广泛应用;二是着眼于提高交通设施的运行效率。

智能交通系统由先进交通信息系统、先进交通管理系统、先进公共交通系统、先进车辆控制系统、货运管理系统、电子收费系统和紧急救援系统等构成,基本功能有车辆控制、交通监控、车辆管理和出行信息服务。

图 8.11 所示为中国智能交通系统体系框架。交通管理领域包括交通动态信息监测、交通执法、交通控制、需求管理、交通事件管理、交通环境状况监测与控制、勤务管理、停车管理、非机动车和行人通行管理 9 项用户服务;电子收费领域仅包括电子收费 1 项用户服务;交通信息服务领域包括出行前信息服务、行驶中驾驶人信息服务、旅途中公共交通信息服务、途中出行者其他信息服务、路径诱导及导航、个性化信息服务 6 项用户服务;智能公路与安全辅助驾驶领域包括智能公路与车辆信息收集、安全辅助驾驶、自动驾驶、车队自动运行等用户服务;运营管理领域包括运政管理、公交规划、公交运营管理、长途客运营管理、轨道交通运营管理、出租车运营管理、一般货运运输管理、特种运输管理 8 项用户服务;交通运输安全领域包括紧急事件救援管理、运输安全管理、非机

动车及行人安全管理、交叉口安全管理等多项用户服务;综合运输领域包括客货运联运管理、旅客联运服务、货运联运服务 3 项用户服务;交通基础设施管理领域包括交通基础设施维护、路政管理、施工区管理 3 项用户服务;智能交通系统数据管理领域包括数据接入与存储、数据融合与处理、数据交换与共享、数据应用支持、数据安全 5 项用户服务。

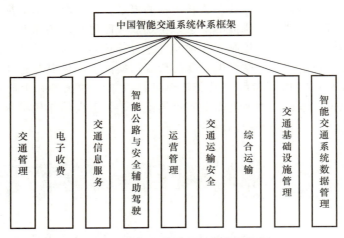

图 8.11 中国智能交通系统体系框架

智能交通系统的关键技术有交通大数据挖掘技术、无人驾驶车辆技术、车联网技术、智能交通信息智能感知与服务技术。

(1) 交通大数据挖掘技术。

随着移动互联网及城市交通信息多元化采集技术的产生,交通行业已进入大数据时代。数据挖掘是从大量数据中寻找规律的技术,是强大的计算机数据分析技术之一。交通大数据挖掘技术(图 8.12)是推动智能交通领域发展的最关键的技术之一,也是互联网+交通应用领域中的核心技术。

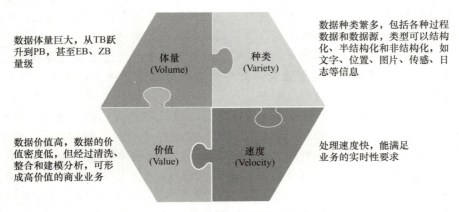

图 8.12 交通大数据挖掘技术

分析交通大数据,寻找交通数据中的规律,使交通参与者能快速、全面、准确地完成交通评估和决策,实现交通智能化管理。通过寻找交通数据中的规律,为智能交通系统的设计提供技术支持，有利于缓解交通拥堵、优化交通路网运行，向出行者提供精确的交通信息、向管理者提供科学化的政策决策，从而促进交通安全、高效发展。

交通大数据挖掘技术可以改变传统交通管理行政区域的限制，建立综合、立体的智能交通体系，综合多种公共交通信息系统，实现实时交通预测，以提升交通事故监测与处理、交通信息诱导、驾驶人行为检测等交通预测水平，为交通监管、安全预警、高效管控提供新技术、新手段。

（2）无人驾驶车辆技术。

无人驾驶车辆技术是集人工智能、计算机视觉、组合导航、信息融合、自动控制和机械电子等众多技术于一体的车辆自动驾驶技术。它利用车载激光、视觉、超声波、红外线等传感器感知周围环境，并与全球导航系统结合，感知位置信息、车辆信息、障碍物信息，并通过车载计算机的高性能计算，得出车辆起停、速度、转向等控制指令，从而自主控制车辆自动、安全、可靠地行驶。基于以上特点，无人驾驶车辆在减轻驾驶人劳动强度、改善车辆安全驾驶性能、降低交通事故发生率、在恶劣条件和极限条件下作业等方面具有普通车辆无法比拟的优点。

无人驾驶技术从应用的角度可分为无人驾驶汽车、无人驾驶飞机、无人艇和无人潜航器。无人驾驶技术是衡量一个国家交通领域的科技水平与工业制造水平的重要标志之一，同时在国防和未来智能社会发展与建设中有广阔前景。无人驾驶技术可实现位置感知、环境感知、自主避障与导航、智能规划、自动控制、网络云计算等技术的融合发展，从而将环境信息与车身信息融合成一个系统性的整体，实现全新信息融合方式，使无人驾驶设备清楚地"知道"自己的速度、方向、路径等信息，并进一步提升和改善交通运行环境，降低成本，提高安全性和运行效率。

（3）车联网技术。

车联网技术是以车内网、车际网和车载移动互联网为基础，按照约定的通信协议和数据交互标准，在车＋X（车、路、行人及互联网等）之间进行无线通信和信息交换的大系统网络。车联网技术以人为本，同时依靠云计算平台，连接保险行业、4S店或车行行业、政府企业车队，构建智能交通与智慧城市，通过云计算、大数据提供的详细数据进行分析，为客户指定合理的服务和应用，如UBI（Usage Based Insurance，基于实际使用的保险）保费计算、查勤理赔、增值服务、咨询发布、智能交通管理、车管业务、环保监测管理等。

车联网技术是物联网与智能网联汽车两大领域的重要交集，是物联网技术在交通系统领域的典型应用。车联网实现了智能交通管理、智能动态信息服务和车辆智能控制的一体化。

未来的车联网发展是打造智能交通，并颠覆式创新传统交通，开创不同性能维度的新模式，建立技术标准，打造开放平台；服务于产品捆绑销售：声控互联、无人驾驶技术、车联网保险、车联网电商等都有很多颠覆式创新，跨界打造车联网生态圈（图8.13），最终回归汽车的本质——安全驾驶。

（4）智能交通信息智能感知与服务技术（图8.14）。

实时、准确地获取交通信息是实现智能交通的依据和基础。智能交通物联网感知互动层通过多种传感器、RFID、二维码、定位系统、地理信息系统等，实现车辆、道路和行人等多方面交通信息的感知。

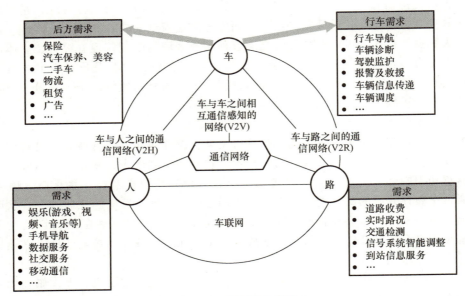

图 8.13 车联网生态圈

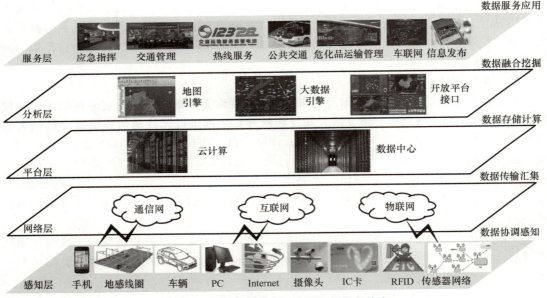

图 8.14 智能交通信息智能感知与服务技术

在数据挖掘的基础上,智能交通信息智能感知与服务技术可解决跨越行政区域的限制,实现数据信息共享,在信息集成优势和组合效率上,有助于建立综合、立体的交通信息体系;同时,在车辆安全、交通资源配置方面,计算、挖掘与分析智能感知采集到的交通大数据,提高车辆安全性、交通资源配置的效率,并利用交通大数据的快速性和可预测性,提高交通预测的水平。

智能交通系统实践开展得如火如荼,如广州市智能交通管理指挥系统应用效果良好。

该系统从我国国情、广州市情出发，在交通地理信息系统（Geographic Information System for Transportation，GIS-T）平台上集成了交通管理系统，并整合了交通指挥和接/出警等交警业务，把交通采集处理发布的智能交通流程与指挥业务工作有机结合，建立了全新的智能交通管理指挥应用模式。

GZ-ITMS 的体系结构如图 8.15 所示，它由综合信息交换平台与非公安信息系统数据交换平台两大平台，计算机光纤网络和无线通信网络两套网络，交通地理信息系统等多个子系统组成。GZ-ITMS 将信息科学运用到解决交通拥堵问题上，以提高交通效率，均衡道路交通流分布，提高交通网络整体通行能力，为更好地开展公安交通管理工作提供强有力的技术支撑。

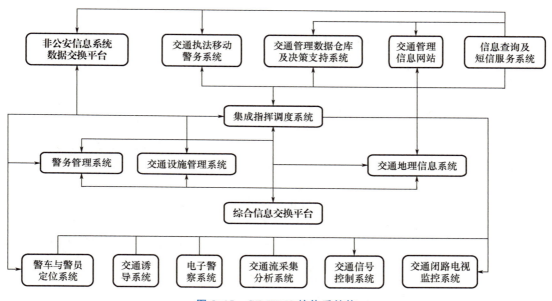

图 8.15　GZ-ITMS 的体系结构

GIS-T 将空间的概念引入传统的交通信息系统，体现出强大的空间数据处理分析能力和交通信息服务管理功能，使空间信息的表达变得生动、直观和易于理解，为智能交通管理指挥应用提供了全新模式。GIS-T 是 GZ-ITMS 开发集成的基础平台，它为 GZ-ITMS 集成指挥调度系统、警务管理系统、交通设施管理系统、警车与警员定位系统等相关子系统提供高效地图数据和地图引擎服务，使 GIS-T 较好地应用于交通指挥调度、交警勤务管理、交通决策分析、交通设施管理、交通信息发布等业务上，如图 8.16 所示。

地图数据是 GIS-T 的最基础部分，GZ-ITMS 的 GIS-T 地图数据严格按照国家标准和公安部警用地理信息系统标准进行设计和制作，为广州市公安系统实现信息共享奠定了基础。其覆盖了广州市全部行政辖区，包括基础地理信息、警用公共地理信息、交通管理业务专用地理信息和交通设施地理信息，采用 MapInfo 软件，将地图数据划分成 16 个数据集、103 个图层进行存储。

除整体系统开发外，还有基于车路协同的智能交通诱导系统等智能交通子系统应用开发案例。交通诱导系统（Traffic Guidance System，TGS）是智能交通的一种输出方式，

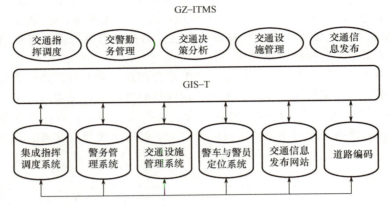

图 8.16　GIS-T 在 GZ-ITMS 中的作用

它基于地理信息系统，通过定位、导航及通信等技术手段诱导交通参与者，有效地实现交通分流、减小拥堵路段交通压力。

基于车路协同的智能交通诱导系统是适用于复杂环境下的城市交通的交通诱导系统，采用协同通信机制、节点的部署策略及高效交通诱导算法，具有"多模、自动切换式"的协同通信方式，以及按场景"自适应"的特点。根据智能交通诱导系统"实时性、动态性"的要求，开发按实时路况进行路径规划的动态诱导算法可增强系统的时效性。

智能交通诱导系统是一种基于 RESTful 架构的交通诱导信息发布平台，通过 RESTful API 共享诱导信息，基于 REST（Representational State Transfer）的风格，设计智慧出行数据资源统一的接口规范，实现处理和发布诱导信息。智能交通诱导系统的体系架构如图 8.17 所示。

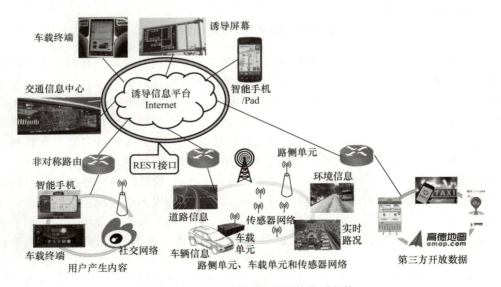

图 8.17　智能交通诱导系统的体系架构

智能交通诱导系统的通信节点由路侧节点、车载终端及服务器构成,这3个通信节点之间相互通信,组建起智能交通诱导系统的通信网络架构,如图8.18所示。在车辆上安装无线通信设备,将行驶中的车辆变成一个个移动无线网络节点,实现车辆内部各设备(设施)之间、车辆之间及车辆与道路基础设施之间的高速移动互联。

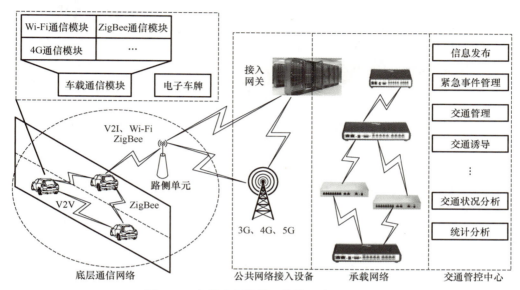

图 8.18 智能交通诱导系统的通信网络架构

除了上述交通诱导系统外,智能交通信号控制系统、智能交通视频监控系统、闯红灯抓拍系统等都属于智能交通诱导系统的子系统。另外,智能城市公共交通系统、智能高速公路系统等智能交通子系统已广泛应用和普及,展现了智能交通系统服务的智能化、便利化、人性化等,并创造了极大社会价值。

智能交通系统作为城市管理的一部分,从传统模式向智慧/智能方式转变,带来了巨大的变革和利益,拓宽了城市管理的内涵和方法,且是智慧城市发展探索可践行的路径。广州市的智慧城市发展,除了智慧交通系统外,还利用本身已有国际先进水平的现代化信息基础设施,从智能供气、智能电网、智能水网、智能交通、智能港口、智能空港等方面展开经济性基础设施的信息化建设,从电子政务、智能教育、智能社保、智能社区、智能安全等方面展开社会性基础设施的信息化建设,逐步发展和完善智慧城市建设的方方面面,拓展智慧城市的触角,连接城市的每个智慧体,构建服务于城市的智能综合体,维持城市健康、有序发展。

智慧城市的建设与发展对突破城市发展瓶颈、破解城市发展难题、提升城市发展层级、优化城市发展品质,进而推进城市持续、健康发展有重要的现实意义。对汽车产业和交通行业来说,自动驾驶与智能交通是智慧城市发展的重点和核心内容,是优化城市交通结构、提升交通效能的必然选择。由点及面,从城市的最小元素和主体智能化发展开始,集成、整合成不同系统和层次的智能系统或智慧体系,逐步构建和发展到城市规模的智慧/智能系统的未来图景,通过新兴信息技术与人类的智慧在城市情境中的良好融合,推动形成优化的城市形态。

智能网联汽车技术基础

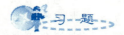

1. V2X 分为哪几种通信模式？
2. 为实现车辆队列行驶，车际之间通信需要传递哪些参数，以便实现整体控制？
3. 自适应巡航控制在车辆队列控制中有哪些进阶应用？
4. 车辆队列行驶需要满足什么条件？
5. 智能交通有哪些关键技术？

参 考 文 献

陈刚，殷国栋，王良模，2019. 自动驾驶概论［M］. 北京：机械工业出版社.
陈慧岩，陈舒平，龚建伟，2017. 智能汽车横向控制方法研究综述［J］. 兵工学报，38（6）：1203－1214.
陈慧岩，熊光明，龚建伟，2018. 无人驾驶车辆理论与设计［M］. 北京：北京理工大学出版社.
陈慧岩，熊光明，龚建伟，等，2014. 无人驾驶汽车概论［M］. 北京：北京理工大学出版社.
陈晓鹏，张京京，2020. 智能网联汽车发展现状与展望［J］. 汽车实用技术（10）：43－45.
程广涛，陈雪，郭照庄，2011. 基于HOG特征的行人视觉检测方法［J］. 传感器与微系统（7）：68－70，74.
崔胜民，2016. 智能网联汽车新技术［M］. 北京：化学工业出版社.
崔胜民，2019. 一本书读懂智能网联汽车［M］. 北京：化学工业出版社.
郭景华，李克强，罗禹贡，2016. 智能车辆运动控制研究综述［J］. 汽车安全与节能学报，7（2）：151－159.
黄志坚，2018. 智能交通与无人驾驶［M］. 北京：化学工业出版社.
姜立标，2018. 现代汽车新技术［M］.3版. 北京：北京大学出版社.
李磊，肖世德，李兴坤，等，2019. 多传感器融合的智能车定位导航系统设计［J］. 工程设计学报，26（2）：182－189.
李妙然，邹德伟，2019. 智能网联汽车技术概论［M］. 北京：机械工业出版社.
林逸，沈沉，王军，等，2005. 汽车线控制动技术及发展［J］. 汽车技术（12）：1－3，43.
刘少山，唐洁，吴双，等，2017. 第一本无人驾驶技术书［M］. 北京：电子工业出版社.
刘伟平，郝金明，2016. 北斗卫星导航系统精密轨道确定［M］. 北京：测绘出版社.
罗玉峰，钟陈志鹏，陈齐平，等，2018. 智能驾驶汽车纵向运动控制研究综述［J］. 汽车实用技术（22）：28－32.
秦永元，2006. 惯性导航［M］. 北京：科学出版社.
申泽邦，雍宾宾，周庆国，等，2019. 无人驾驶原理与实践［M］. 北京：机械工业出版社.
王建，2018. 激光陀螺捷联惯性导航系统零速修正研究［J］. 压电与声光，40（4）：626－632.
王庞伟，王力，余贵珍，2019. 智能网联汽车协同控制技术［M］. 北京：机械工业出版社.
王泉，2018. 从车联网到自动驾驶：汽车交通网联化、智能化之路［M］. 北京：人民邮电出版社.
许腾，黄铁军，田永鸿，2013. 车载视觉系统中的行人检测技术综述［J］. 中国图象图形学报（4）：359－367.
余伶俐，周开军，2015. 导航机器人传感器融合、异常诊断及任务规划方法［M］. 北京：电子工业出版社.
袁师召，李军，2019. 无人驾驶汽车路径规划研究综述［J］. 汽车工程师（5）：11－13，25.
远山之石，2016. 智能网联汽车发展综述及浅析［J］. 上海汽车（7）：1－2，50.
斋藤康毅，2018. 深度学习入门：基于Python的理论与实现［M］. 陆宇杰，译. 北京：人民邮电出版社.
张其善，吴今培，杨康凯，2002. 智能车辆定位导航系统及应用［J］. 交通运输系统工程与信息，2（3）：70.
张钟文，高宇，王静，等，2020. 基于YOLOv3的深度学习交通标志识别系统［J］. 建筑电气，39（7）：64－68.
周鹏，杨清荣，杨静，等，2019. 浅析5G技术与智能网联汽车发展［J］. 昆明冶金高等专科学校学报，35（4）：90－94.
朱桂龙，樊霞，2015. 智慧城市建设理论与实践［M］. 北京：科学出版社.
宗长富，刘凯，2006. 汽车线控驱动技术的发展［J］. 汽车技术（3）：1.